밥상 위의 세계

일러두기

여기 실린 글은 모두 2016년에 취재한 것으로, 특별히 연도 표기가 되어 있지 않은 것은
해당 연도를 가리키며, 인터뷰에 나오는 이들의 나이 역시 이를 기준으로 했다.

밥상 위의 세계

먹거리 원산지에서 찾는 밥상의 정치경제학

남지원·박경은·이인숙·이재덕·정환보 지음

글항아리

세계 최대 연어 양식 업체인 노르웨이 마린하베스트의 가두리 양식장에서는 100만 마리의 연어가 파이프로 공급되는 사료를 받아먹으며 자란다. 자연산 연어의 트레이드마크인 분홍빛은 새우와 비슷한 크릴에서 나오지만, 양식연어는 그 성분을 화학적으로 합성해 빛깔을 낸다. 이 회사에서 '만들어진' 연어가 서울의 대형 마트에 진열되기까지는 72시간밖에 걸리지 않는다.

닭고기를 가장 많이 생산하는 나라는 미국이지만 가장 많이 수출하는 나라는 브라질이다. 세계에서 매년 도축되는 닭 400억 마리 중 브라질에서 도축되는 것이 68억 마리다. 브라질을 돌아본 취재팀은 이렇게 적었다. "어쩌면 진짜 '평화의 새'는 비둘기가 아니라 닭일지도 모른다. 세계 곳곳에서 누군가는 돼지고기를 먹지 않고, 누군가는 쇠고기를 먹지 않지만 닭고기를 꺼리는 문화는 없다." 달걀이 부화돼 닭고기로 다듬어져 마트에 진열되기까지의 과정이 얼마나 처참한지는 이미 많이 알려져 있다. 하지만 공장식 축산의 현실과 문제를 해결하기 위한 노력 외에도, 브라질에서 발견할 수 있는 또 다른 역사적인 맥락이 있다. 브라질을 세계의 '닭 공장'으로 만든 것은 다름 아닌 이민자의 물결이었다. 사람들의 흐름이 문화와 산업을 바꾸고, 우리 식탁을 바꾼다는 것을 치킨을 통해 확인하게 되는 것이다.

경향신문 기획취재팀은 2015년 『지구의 밥상』을 통해 정치·경제·사회 모든 분야의 글로벌화가 우리 먹거리에 농축돼 있음을 보여줬다. 콜라 식민지가 된 태평양의 작은 섬 나우루에서부터 경제 제재로 인해 본의 아니게 '유기농 먹거리의 실험장'이 된 쿠바까지, 밥상을 규정하는 거대 산업과 그 속에 숨겨진 차별을 들여다봤다. 이번에는 우리 밥상 위의 생선과 고기, 채소와 과일이 어떻게 세계화의 톱니바퀴 속에 물려 들어가고 있는지를 살폈다. 우리가 먹는 것들이 어디서 왔는지 혹은 지금 국내에서 생산되는 낯선 이름의 먹거리들의 원산지는 어디인지, 그것들을 생산하는 사람들은 어떻게 살아가고 있는지를 들여다보기 위해 애썼다.

노르웨이의 연어 생산 시설을 방문하기로 했을 때 우리가 가졌던 문제의식은 '왜 갑자기 연어의 홍수가 일어났을까' 하는 작은 의문에서 출발했다. 책을 읽고 자료를 찾고 공부하면서 거대한 육식어종인 연어 한 마리를 키우는 과정에서 환경 파괴, 항생제 남용 같은 일이 많이 일어난다는 것을 알게 됐다. 실제로 찾아가본 노르웨이의 양식장에서는 연어에게 항생제를 투입하지 않고 최대한 위생적으로 키우고 있었다. 이렇게 변화를 가져온 것은 소비자들의 윤리의식과 시민단체들의 끊임없는 감시였다. 하지만 노르웨이의 연어가 아무리 깨끗하고 안전하게 생산된다 한들, 굳이 그렇게 엄청난 돈과 에너지를 들여 이 생선을 먹어야 하는가 하는 의문은 남았다.

이집트는 요즘 한국에서도 유행하는 '이집트콩'을 비롯해 온갖 종류의 콩을 주식처럼 먹는 콩의 나라다. 콩에는 그들의 문화, 그들의 혁명, 그들의 괴로움, 그들의 삶이 그대로 들어 있었다. 하지만 파라오 시절로 거슬러 올라가는 유구한 콩의 역사는 유전자조작GM의 시대에 거대한 변화를 맞고 있다. 이집트 남쪽 수단에 위치한 지평선까지 펼쳐진 참깨밭을 찾아갔다. 국내에도 많이 수입되는 수단 산 참깨, 그 작지만 소중한 곡물을 생산하는 농민들을 만나보았다. 사하라 사막 이남, 동아프리카의 뜨거운 태양 아래에서 일하는 소농들을 생각했지만 거기서 맞닥뜨린 것은 드넓은 농장에서 대규모 가공 공장으로 이어지는 거대 산업과 유통망이었다. 그 틈바구니에서 만난 시골 마을 사람들, 참깨 방아를 돌리는 낙타의 모습은 취재가 끝난 뒤에도 오래도록 잔상을 드리웠다.

멕시코에서 만난 '돼지 독감 0번 환자'는 색다른 인터뷰 대상이었다. 역한 냄새가 코를 찌르는 멕시코시티 근교의 시골 마을에 동상까지 세워진 열세 살 소년. 세계를 두려움에 휩싸이게 만든 돼지 독감이 그 아이에게서 시작됐다고 멕시코 정부는 발표했지만 '왜 그곳에서' 전염병이 퍼졌는지는 아직도 미스터리로 남아 있다. 이 사건은 먹을 것과 그 생산 과정이 글로벌화됐을 때 어떤 일이 벌어질 수 있는지를 보여줬다. 그들이 여전히 풀지 못한 의문은, 어쩌면 지금 우리 모두가 제대로 알지 못한 채, 생산과 유통 과정을 들여다보지 않은 채 먹고 있는 모든 것의 뒷모습일지 모른다. 동시에 취재팀은 글로벌화 이면에 숨겨진 '마을 사람들'의 생생한 삶을 그려보고 싶었다.

샐러드의 본고장, 이탈리아 남쪽 끝 시칠리아섬에서는 전통 식재료를 지키고 다듬고 살아가는 사람들을 만날 수 있었다. 콜리플라워, 브로콜리, 아티초크 등 식탁 위를 다국적 언어로 채우는 채소들의 고향 격인 이 섬에서는 슬로푸드 운동이 한창이다. 지금은 시칠리아 사람들의 전통이 된 채소들에는 여러 문명이 명멸해간 지중해의 역사가 숨어 있다. 아랍에미리트UAE 아부다비의 쿠킹클래스에서 한국 요리법을 가르치고 배우는 사람들, 대궐 같은 집에서 한국 식당의 떡볶이를 사다 먹는 한류 팬은 지금 이 순간에도 이뤄지고 있는 문화의 흐름과 교차의 단면이다.

주스와 빙수와 디저트를 넘어 제사상에도 오르게 된 새로운 '국민 과일' 망고는 필리핀 노동자들의 손에서 끓는 물에 소독돼 한국으로 향한다. 한국의 추석을 앞두고 민다나오섬을 찾아가보니 밤낮없이 망고를 소독하고 포장해 항구로 보내느라 일손들이 바빴다. 하지만 정작 이곳에서 망고를 키우는 사람들은 망고의 주인이 아니었다. 과수원 주인은 '스프레이 업자'로 불리는 이들의 주문을 받아 그저 망고나무를 관리할 뿐이다. 망고는 어떤 과일보다도 세계화된 과일인 까닭이다.

한때 '녹색혁명'의 성공 사례로 꼽히던 인도의 농촌은 세계 농업의 모든 문제점이 집약된 곳이다. 1960~1970년대 '녹색혁명'이 일어났을 때만 해도 세계는 작물 생산량이 늘어났다며 환호했다. 그것이 지하수를 고갈시키고 다국적 농업 기업의 배를 불려주며 농민들의 연쇄 자살이라는 참극으로 이어지리라는 것은 시간이 한참 흐른 뒤에야 알 수 있었다. 녹색혁명이 결국은 재앙이 되어버린 그곳에서, 불가촉천민이라 불리는 '달리트' 여성들은 공동체를 조직해 '재앙을 갈아엎는' 농사를 짓고 있었다. 인도 데칸고원의 농민들이 벌이는 씨앗 지키기 운동은 지구의 미래를 위해 씨앗을 보관하는 글로벌 프로젝트와도 맞닿아 있었다. '노아의 방주'로도 불리는 북극권 스발바르섬의 국제 종자 저장소에서 취재팀은 '밥상의 근원'을 되물었다.

이 시리즈의 아이디어를 내어 준비하고 취재를 마치며 책으로 다듬기까지는 꼬박 1년이 걸렸다. 여섯 명의 기자가 자료를 찾고 머리를 맞대고 토론을 거듭했으며, 몇 달에 걸친 사전 조사 끝에 취재지를 선정했다. 현지에 다녀오는 것보다, 글을 쓰는 것보다 훨씬 더 힘들었던 것이 우리 스스로 배우고 생각을 가다듬는 과정이었다. 그렇게 공부하고 조사를 해도 직접 찾아가보면 또 다른 현실이 눈앞에 펼쳐졌다. 우리는 미리 재단하거나 섣불리 평가하지 않은 채 세계 곳곳에서 보고 듣고 느낀 것들을 '있는 그대로' 전달하려 애썼다. 세상 모든 일에는 긍정적인 면과 부정적인 면이 섞여 있기 마련이다. 어려움이 있으면 이를 넘어서고자 노력하는 사람들이 있고, 큰 덩어리들이 있으면 그 사이사이에 틈새가 있다.

밥상의 세계화는 이미 거부할 수 없는 현실이다. 수입된 먹거리 없이 매일 끼니를 때우는 것은 불가능하다. 모두가 집 근처에서 자라난 것들을 먹는다면 환경에도 좋고 건강에도 좋겠지만 '애그리 비즈니스(거대한 산업으로서의 농업)'가 지구에 뿌리박힌 지금 '수입산을 먹지 말자'고 말하는 것은 비현실적이다. 그럼에도 중요한 것은 내 몸을 구성하는 음식 또는 식재료가 누구의 손에서, 어떻게 키워졌는지를 아는 것이다. 더불어 그걸 생산하는 사람들의 삶을 들여다보고 세계 시민으로서의 동료의식을 갖는 일이다.

1

돌아오지 않는 연어

2016
09.12-09.15

올해 52세인 로베르트 이삭센이 연어를 처음 먹어본 것은 세 살 때였다. 그 어릴 때 일이 머릿속에 남은 건 맛이 '기이했기' 때문이다. 아버지는 어부였다. 아버지의 아버지도, 그 아버지의 아버지도 어부였다. 노르웨이 북부 작은 어촌 마을 호브덴에서 나고 자란 그가 "동네 친구의 아버지는 어선 냉동 기계에 다리를 다쳐 세상을 떠났고 또 다른 친구의 아버지는 바다에서 돌아오지 못했다"고 했다.

꼬마 로베르트는 1960년대 인기 어린이 라디오 프로그램에서 배운 동요 '세 마리 작은 물고기tre små fisk'를 흥얼거리곤 했다. 이 노래는 노르웨이 사람들이 아침에 빵과 곁들여 즐겨 먹는 고등어 통조림 광고에도 쓰였다. 십대에 처음으로 한 아르바이트는 공장에서 대구 턱살을 잘라내는 일이었다. 한때는 노르웨이 서부 해안을 오가는 120년 역사의 여객선 후르티그루텐에서 일했다. 지금은 수산업 수출을 지원하는 노르웨이수산물

올레순
스웨덴
노르웨이
보트니아만
북해
덴마크
영국
아일랜드
폴란드
독일
벨기에
프랑스
스위스
루마니아
이탈리아
포르투갈
스페인

위원회Norges sjømatråd, Norwegian Seafood Council(NSC)에서 디지털 마케팅을 맡고 있다.

그의 삶은 늘 바다와 엮여 있었다. 어린 시절 가족의 밥상에는 일주일에 다섯 번은 생선이 올라왔다. 주로 아버지가 노르웨이의 찬 바다에서 잡아온 대구, 명태 같은 흰 살 생선이었다. 어쩌다 아버지가 강에서 잡아온 기름진 연어는 낯설었다. 집에서 직접 연어를 훈제해서 먹었다. 참나무, 자작나무를 태운 뜨거운 연기에 연어가 바로 익어버리지 않도록 연기를 모으는 관을 길게 만들고, 연어를 매단 상자에 연결해 향이 배어들게 했다.

🥄 연어는 '만들어진다'

 낚시꾼을 유혹하는 탄력 넘치는 붉은 살은 연어가 다음 세대를 위해 비축해놓은 에너지의 결과물이다. 연어는 10~12월 알을 낳기 위해 바다에서 강으로 돌아올 때 아무것도 먹지 않기 때문에 그전에 엄청난 양의 지방을 축적해둔다. 그래야 강의 거센 물살을 거슬러 오르는 '고난의 행군'을 끝낼 수 있다. 이런 연어의 독특한 회귀는 종종 문

노르웨이 올레순 시내에 위치한 생선 상점.

학작품이나 노래의 모티브가 되기도 했다. 그러나 연어는 이제 돌아오지 않는다. 강 곳곳에 댐이 생겼고 강물은 오염됐다. 야생 연어는 남획 탓에 보호 대상이 됐다.

연어는 크게 덴마크령 자치 지역인 그린란드로 갔다가 강으로 돌아오는 대서양 연어와 베링해로 갔다가 강으로 돌아오는 태평양 연어로 나뉜다. 북쪽 그린란드 같은 몇몇 곳을 빼면 야생 대서양 연어는 거의 사라졌다. 왕연어, 은연어, 홍연어 등 태평양 연어는 미국 알래스카와 러시아 동부 정도에만 남아 있다. 이삭센은 "노르웨이에서 연어 낚시가 이제 마니아와 돈 있는 사람들만 즐기는 고급 스포츠"라고 했다. 정부의 보호 방침에 따라 연어 낚시를 하려면 하루에 최대 4000크로네(55만 원)를 내야 한다. 한국에서도 연어는 포획 금지 생물종이다.

그 대신 연어는 세심하고 철저하게 계획된 공정 속에서 '만들어진다'. 우리가 대형 마트와 초밥집에서 보는 신선한 오렌지색 살 토막은 원산지가 노르웨이건 캐나다건 칠레건 스코틀랜드건 모두 양식된 대서양 연어다. 연어는 바다에서 강으로 돌아오는 대신에 플라스틱 상자에서 부화되고 커다란 수조에서 사료를 먹으며 성장기를 보낸다. 다 자라면 배에 실려 해안 가두리로 옮겨진다. 사료로 몸집을 키워 주변 가공 공장에서 생을 마친다.

2015년 한국에서 소비된 연어의 40퍼센트는 이런 사계절 양식의 산물인 생연어다. 그 생연어의 99.2퍼센트가 노르웨이의 피오르 가두리에서 자란 대서양 연어다. 양식 생연어가 본격적으로 한국에 들어오기 전까지 우리 밥상에 올라온 연어는 알래스카 자연산 연어 통조림이나 냉동 양식연어로 만든 훈제연어 위주였다. 이마트의 김상민 수산팀 바이어는 "한국에서 생연어를 많이 먹기 시작한 지는 10년 정도밖에 안 된다"고 말했다.

연어는 오메가3가 많은 '슈퍼푸드'라는 홍보가 웰빙 바람을 타고 소비자들에게 먹혔다. 1~2년 새 연어 무한 리필집이 우후죽순 생겨났다. 2015년 수산물 수입의 '큰손' 러시아가 서방의 제재로 노르웨이 연어를 수입하지 못하게 되면서 시장 공급량이 늘어 연어 가격이 떨어진 것도 국내 연어 붐에 일조했다.

한국 소비자들의 입맛은 이미 노르웨이 양식연어에 길들여졌다. 롯데마트 신호철 MD는 "알래스카 홍연어나 뉴질랜드의 왕연어 같은 자연산은 양식연어보다 더 비싸고 맛도 좋지만 국내 소비자들에게는 오렌지 빛 살에 흰색 줄무늬가 있는 노르웨이 연어가 각인돼 있어 큰 호응이 없다"고 말했다. 자연산은 양식연어와 달리 선홍빛을 띠며, 지방이 많은 사료를 먹지 않기 때문에 흰색 줄무늬가 선명하지 않고 가늘다. 맛도 담백하다.

예방주사 맞는 연어

9월 15일 노르웨이의 수산도시 올레순의 루테빌카이아 부두를 찾았다. 쾌속 보트에 올라 아르누보 양식으로 지어올린 알록달록 장난감 같은 마을을 벗어나 깊고 잔잔한 피오르로 향했다. 한 시간가량 물

마린하베스트 공장 인공부화실에서 치어들을 살피고 있는 직원.

살을 가르자 피오르의 끝, 스테인스비크 마을에 다다랐다. 하얀 구름 띠가 허리에 걸린 가파른 산이 거울 같은 수면에 그대로 그려지는 한 적한 시골, 주민은 고작 50명 남짓이다. 그런데 마을 입구 선착장 옆에 이질적인 회색 공장 두 채가 서 있다.

 세계 최대 연어 양식 기업 마린하베스트Marine Harvest가 버려진 신발 공장 부지를 사들여 지난해 새로 만든 시설로, 알에서 깨어난 치어가 자라는 곳이다. 세계 양식연어 가운데 4분의 1을 수출하는 마린하베스트는 유전자, 알, 치어, 사료부터 양식장과 도살·가공 공장까지 '연어의 모든 것'을 직접 통제한다. 이 회사가 자랑하는 것은 자기들만의 품종 '모비Mowi'다. 노르웨이 최대 연어 서식지 중 한 곳인 보소강에서 채집한 연어를 수십 년간 교배로 개량한 것이다.

이 회사는 모비 암컷의 배에서 난자를 채취해 수컷의 정액과 섞어 수정한 뒤 이곳으로 옮긴다. 공장의 위생 관리는 강박적이었다. 갈아 신은 실내화에 비닐 캡을 씌우고 머리에도 비닐 캡을 쓰고 손을 닦았다. 인공부화실 앞에 놓인 스펀지를 밟자 거품이 나와 신발 비닐 캡을 또 한 번 세척한다. 부화실은 서늘했다. 성장 속도를 조절하기 위해 온도는 5도씨 안팎으로 맞춰져 있다.

플라스틱 서랍이 16개씩 들어있는 철제 선반 10개에 든 치어는 320만 마리. 약 713억 원의 가치를 지닌 '귀한 몸'들이다. 플라스틱 서랍을 꺼내보니 투명한 오렌지색 영양주머니인 난황낭을 단 치어들이 꼬물거린다. 연어가 양식 물고기의 대표 선수가 된 것은 알이 크고 영양분이

연어가 태어나 상품이 되기까지.

연어 치어 시설
인공부화실
플라스틱 선반에서
난황낭을 먹고 자라는
연어 치어

연어 치어 시설
대형 민물 수조에서 사료를
먹으면서 바다로 나갈
훈련을 하는 새끼 연어

바다 양식장 가두리에서
자라는 연어

가공 공장에서
수출되기 위해
포장 용기에 담긴 연어

많아 부화시키기 쉽고, 몇 주 동안 먹이 없이도 자랄 수 있는 이 난황낭이 있기 때문이다. 직원 2명이 스포이트로 죽은 치어를 골라내 컵에 담고 있었다.

이곳에서 두 달 정도를 보내고 치어가 사료를 먹을 수 있는 크기(0.2~5그램)로 자라면 둘레 15미터, 깊이 4~5미터 수조로 옮겨진다. 스몰트smolt라 불리는 이 시기 연어는 사람으로 치면 십대다. 크기별로 네 단계를 거쳐 네 개 수조를 옮겨 다니다 몸무게가 200그램이 되면 바다로 간다. 사료도 점점 커지고 성분도 처음에는 단백질이 많다가 지방이 늘어난다. 바다에서 보는 연어는 은빛과 올리브색이 섞여 반짝거리지만 민물에서 자라는 치어는 어두운 녹색이다. 강에서 살 때 진화한 보호색이다. 빛을 싫어하는 새끼 연어를 위해 수조가 있는 공간도 어둑했다. 수조마다 사료 탱크가 있고, 거기서 나온 긴 관이 걸쳐 있다. 관에 한 줄로 뚫린 작은 구멍에서 몇 초마다 사료가 떨어진다.

바다로 나가기 직전 단계의 새끼들은 일주일 전 예방주사를 맞았다고 했다. 연어가 다치거나 스트레스를 받지 않도록 물에 수면제를 넣어 잠들게 한 뒤 펌프로 끌어올려 컨베이어벨트에 놓으면 기계가 연어의 배를 찾아 주사를 놓는다. 연어는 박테리아 감염병인 절종증 등에 걸리기 쉬운데 과거에는 사료에 항생제를 넣어 문제가 됐지만, 1980년대 후반 노르웨이 수의협회가 연어 백신을 개발한 뒤 항생제 사용은 크게 줄었다. 농업부에서 어류 건강 담당을 맡았던 수의학자 페울 미틀링은 세계보건기구WHO 기고에서 "연어의 수가 노르웨이 사람보다 2배는 많은데 노르웨이 사람이 1년에 섭취하는 항생제는 5만 킬로그램인 반면, 연어에 사용되는 항생제는 1000킬로그램 수준"이라고 설명한다.

🍃 100만 마리가 자라는 양식장

바다 양식장은 배로 30분 떨어진 구르스쾨위에 있었다. 가두리 9개와 통제 센터 역할을 하는 배, 그물을 청소하는 기계가 달린 배, 가두리를 옮겨 다니는 이동식 '선상 사무실'이 주요 시설이다. 가두리에서는 은빛 연어가 쉴 새 없이 물 위로 뛰어올랐다. 둘레 160미터, 깊이 40미터의 거대한 가두리 한 개당 연어 17~18만 마리가 들어 있다. 여섯 곳의 가두리가 가동 중이니 이 양식장에만 약 100만 마리가 자라고

노르웨이 피오르의 가두리 양식장.

양식연어가 바다 양식장에서 먹는 사료. 노르웨이수산물위원회에 따르면 사료는 콩단백질 등 식물성 성분이 50퍼센트, 식물성 기름 19퍼센트, 사람이 먹지 않는 생선 머리나 부위를 갈아 만든 어분魚粉과 물고기 기름 29퍼센트로 구성돼 있다.

있는 셈이다. 18~20개월이 지나 4~6킬로그램이 되면 가공 공장으로 보내진다.

양식장의 조건은 꽤 까다롭다. 움직임이 격렬한 연어가 밀집되지 않도록 가두리는 해수 97.5퍼센트, 연어 2.5퍼센트로 구성돼야 한다. 항생제는 쓸 수 없다. 한 세대의 양식 사이클이 끝나면 해저 환경을 위해 3개월간 양식장을 놀려야 한다. 마린하베스트가 노르웨이 전역 양식장 120개 중 동시에 가동하는 것은 100개 정도다. 연어 배설물로 바다가 오염된다는 문제 제기에, 2007년부터 양식장 바로 아래 바닥과 500미터 떨어진 곳의 바닥 샘플을 채취해 정부에 보고하도록 하고 있다.

양식장 운영은 모두 기계가 한다. 상시 근무 직원 두 명은 감독만 할 뿐이다. 통제 센터 모니터에는 가두리별로 몇 마리가 언제 들어왔고 지금까지 사료를 얼마나 줬는지, 모든 상태가 숫자로 표시된다. 가두리마다 카메라가 있어 조이스틱으로 상태를 살필 수 있다.

양식장에서는 '쉭쉭' 바람 부는 듯한 소리가 주기적으로 들렸다. 통제 센터에서 발전기를 이용해 각 가두리에 연결된 관으로 사료를 밀어내는 소리다. 연어 100만 마리가 하루에 먹는 사료는 40~50톤. 피오르 연안을 오가는 사료공급선은 매주 두 차례 이곳을 지난다. 가두리 청소는 12일에 한 번씩 한다.

사료는 마린하베스트가 노르웨이와 스코틀랜드에 설립한 공장에서 만든다. 과거에는 피오르의 청어 따위를 갈아서 줬지만 이 식욕 넘치는 물고기를 살찌우기 위해 야생 물고기가 남획되자 비판이 일었다. 이 때문에 점차 식물성 성분을 늘리고 있다. NSC에 따르면 사료는 콩 단백질 25퍼센트 등 식물성 단백질과 탄수화물 50퍼센트, 식물성 기름 19퍼센트, 사람이 먹지 않는 생선 머리나 부위를 갈아 만든 어분魚粉과 물고기 기름 29퍼센트로 구성된다.

연어의 트레이드마크인 오렌지색도 '만들어진다'. 연어 살이 붉은 빛을 띠는 것은 먹이인 크릴과 플랑크톤 속 항산화물질 아스타잔틴astaxanthin 때문이다. 마린하베스트의 홍보 매니저인 예이르 홀렌은 "크릴에서 나오는 성분과 유전적·생물학적으로 동일한 성분을 복제해서 만든다. 인체에는 100퍼센트 무해하다"고 설명했다.

연어가 다 자란 뒤에는 선도를 유지하기 위해 시간과의 싸움을 해야 한다. 바다 양식장에서 가공 공장까지 1~2시간, 공장에서 도살·가공되는 데는 10분이면 된다. 품질을 최상으로 유지하고 상처가 나지 않게 하기 위해 연어를 도살하기 전 먼저 물에 이산화탄소를 넣어 의식을 잃게 한다. 홀렌은 "연어를 도살할 때도 스트레스를 받지 않도록 동물권을 존중해야 하는 규정이 있다"고 말했다.

피와 내장을 제거하고 세척된 연어는 아이스박스에 담긴 채 트럭에 실려 7시간 만에 오슬로 공항에 도착한다. 전용 터미널에서 직송 항공기에 실려 한국의 세관·검역을 통과해 도매 업체를 거쳐 판매대에 오르기까지는 72시간이 채 걸리지 않는다. 인천-오슬로 직항 여객기는 여름 한철 운행되지만 생연어가 타고 오는 직항은 연중 주 4회 대한항공이 화물기를 띄운다.

🥢 고등어 컨베이어벨트

강에서 태어난 연어가 살아서 바다에 갈 확률은 1퍼센트다. 양식은 이런 자연의 방정식을 깼다. 노르웨이는 연어 양식을 가장 먼저 시작한 나라다. 1970년 7월 히트라섬에서 오베 그뢴트베트, 시베르트 그뢴트베트 형제가 자연산 연어 새끼 2만 마리를 모아 양식에 성공한 것이 최초다. 1960년대부터 품종 개량을 연구해온 하랄 셰르볼과 트뤼그베 예드렘은 41곳의 강에서 연어 종을 채집한 뒤 사료를 적게 먹이면서도 빨리 성장시키는 미국의 동물 사육 원리를 가져와 성장 속도를 극대화시킨 연어 혈통을 만들어냈다. 노르웨이는 30년 만에 세계 연어의 절반을 생산하는 1위 수출국이 됐다. 해안선 8만3000킬로미터에 걸쳐 연어 양식장 1076개가 들어서 있다.

양식연어 2위 생산국은 칠레다. 노르웨이와 정반대편 남반구 끝에 있는 이곳 앞바다에서도 대서양 연어가 자란다. 원래 남미에 연어는 없었다. 차가운 물에 사는 연어가 적도를 넘어갈 수 없었기 때문이다. 그러나 노르웨이가 개발한 품종이 칠레, 뉴질랜드 등 세계 각지로 수출됐다. 노르웨이 해안이 양식장으로 붐비고 규제가 심해지자 노르웨이 연어 회사들은 규제가 덜하고 노동력이 싼 곳으로 진출했다.

북해 유전으로 돈을 버는 산유국이기도 하지만, 여전히 노르웨이의 뿌리는 바다다. 1946년 세계에서 처음으로 수산부를 설치했으며 수산업은 석유, 가스에 이어 세 번째 수출 산업이다. 수산물 대국 노르웨이는 이제 한국의 밥상에서 '국민 생선' 고등어의 자리도 차지할 참이다.

컨베이어벨트 위의 연어.

가공 공장으로 옮겨와 도살·
가공되는 연어.

한국 연근해에서 1990~2000년대 평균 18~20만 톤씩 잡히던 고등어
는 최근 5년 새 평균 12만 톤 정도로 감소했다. 덜 자란 고등어까지 싹쓸
이한 남획 탓이다. 2011년까지 수입 고등어의 절반은 중국산이었는데 이
제는 국내에서 팔리는 고등어 네 마리 중 한 마리가 노르웨이 산이다.

9월이면 노르웨이에서는 고등어 철이 시작된다. 고등어의 지방 함
량이 30퍼센트 가까이 돼 가장 맛있을 때다. 9월 13일 올레순에서 차
로 10분 거리의 엘링쇠위섬에 들렀다. 마침 수산물 가공 기업 닐스스
페레 공장에 올해의 첫 고등어가 들어온 날이었다. 공장과 연결된 부
두에는 트롤 어선이 들어와 있었다. 닐스스페레 같은 업체에서는 유
통 시간을 줄이기 위해 어부들이 만든 온라인 경매 '실레살그슬라그
Sildesalgslag'에서 바로 생선을 사들인다.

아침부터 하늘을 덮고 있던 먹구름에서 가을비가 세차게 쏟아졌다.
그러나 고등어는 비를 맞을 일이 없다. 공장 입구에 설치된 고압 펌프
가 배 아래 5도씨 차가운 물탱크에 담긴 고등어 350톤을 바로 끌어올
려 공장 컨베이어벨트에 쏟아놓았기 때문이다. 일본 도쿄의 수입 업체
에서 온 바이어가 연신 고등어의 배를 갈라보며 선도를 점검하고 있었
다. 공장을 함께 돌아보던 63세의 사장 하랄 스페레는 여름휴가에서
이제 막 돌아왔다. 그는 일본 바이어를 가리키더니 "저이는 일주일 전
부터 와서 날 기다리고 있었다"며 "고등어 수확이 시작되는 9월부터
끝나는 11월까지 28년째 이곳에 와 고등어를 살핀다"고 귀띔했다. 이
시기 공장은 아침 7시부터 밤 11시까지 돌아간다.

고등어는 레일을 지나며 200~600그램까지 크기별로 4단계로 나뉘

올레순 인근 엘링쇠위 섬의 닐스스페레 공장에서 트롤 어선이 잡아온 고등어가 박스에 담겨 포장되고 있다.

고등어 가공 공장의 레일을 따라 고등어가 크기별로 분류되고 있다.

어 20킬로그램짜리 박스에 담긴다. 선반에 차곡차곡 쌓인 고등어 상자는 커다란 냉각팬이 영하 24도씨의 냉풍을 뿜어내는 터널로 들어가 18시간 안에 꽁꽁 얼려진 뒤 냉동고로 향한다. 지난해 이곳에서 만들어진 고등어 필레 3만 톤의 절반이 한국으로 수출됐다.

하랄은 1923년 이 회사를 세운 닐스 스페레의 아들이다. 바닷가 작은 나무 창고에서 소금에 절여 말린 대구인 '바칼라우Bacalau'를 만드는 것이 시작이었다. 지금은 온풍기로 건조시키지만 아버지 시절에는 대구를 소금물에 푹 절여 돌에 널어 말렸다. 포르투갈어로 대구를 가리키는 바칼라우가 노르웨이어로는 '바위klipp'와 '생선fisk'이 합쳐진 '클립피스크klippfisk'라 불리는 이유다.

🥢 어촌의 삶은 기다리는 삶

9월 15일, 올레순 북쪽 부두에 정박해 있던 로랑 호는 출항 준비로
분주했다. 이 배는 55세의 스톨라 오토 뒤브와 세 자녀가 함께 운영한
다. 일종의 가족 기업인 셈이다. 뒤브 가족은 주변의 작은 섬 고되위에
터 잡고 살아온 어부 집안이다. 30명 안팎인 섬 주민은 모두 뒤브 집
안의 어선에서 일했다. 삼남매 중 둘째인 서른 살의 루벤은 "우리 할머
니의 일생은 기다림의 연속이었다. 어릴 때는 바다에 나간 아버지를,
결혼한 뒤에는 남편을 기다렸고 나이 들어서는 아들을, 지금은 손자
를 기다린다"며 웃었다.

선장 스톨라는 "물고기는 자연이 주는 가장 큰 선물"이라며 이날 밤
선원들과 바닷길에 나섰다. 길이 51미터의 대형 주낙어선 로랑은 북극
해인 바렌츠해까지 나가 대구, 해덕대구, 핼리버트(넙치) 따위를 잡는
다. 주낙의 길이는 50킬로미터에 달한다. 로랑 호에서 잡아 올린 대구
의 70퍼센트는 올레순의 공장에서 바칼랴우로 만들어진다. 장남인 서
른세 살의 트론은 "청정한 바다에서 우리가 잡는 생선에는 어떤 항생
제도 없고 주낙으로 하나씩 건져 올리는 생선은 가장 신선하다"며 자
부심이 대단했다. 홍일점인 스물네 살의 막내 토니아는 아버지와 오빠
들처럼 선장이 되기 위해 견습 중이다. 토니아는 열다섯 살 때부터 배
를 탔다. 거칠고 험한 바닷일은 자연스럽고 당연한 것이었다.

모든 어선은 어획량 쿼터가 정해져 있다. 30여 년 전만 해도 제한이
없었지만 물고기가 급감하면서 규제가 생겼다. 북대서양 국가들이 해

올레순 북쪽 부두에 정박해 있는 원양 주낙어선 로랑 호 앞에서 선장 스톨라 뒤브(맨 오른쪽)와 장남 트론(왼쪽에서 두 번째), 둘째 아들 루벤(맨 왼쪽), 막내딸 토니아(오른쪽에서 두 번째)가 함께 포즈를 취했다.

양 자원의 지속 가능한 이용을 위해 만든 국제해양개발위원회ICES의 자료를 토대로 해마다 각국이 어획량을 합의하면 정부는 어선들에 쿼터를 배분한다. 노르웨이에서 할당량은 '물고기 보호 장벽'이면서 어업을 폐쇄적인 구조로 만드는 '경제 장벽'이다. 할당량은 어부가 아닌 배에 속한다. 배가 상속되면 할당량도 상속돼 하나의 재산권이 됐다. 그래서 어촌에는 가족 기업이 많으며, 어민들은 상대적으로 고소득층이다. 최근 저유가로 석유 산업이 기울자 어업의 주가는 더 올라갔다.

바다는 언제까지 아낌없이 '선물'을 내줄 수 있을까. 지구의 70퍼센트는 바다이고 어업은 먼 바다에서 일어나는 까닭에 우리는 물고기의 일에는 상대적으로 둔감하다. 씨 뿌리고 김매고 농약을 칠 일 없이 그저 거두기만 하면 되니 공짜인 것만 같다. 중금속이 없고 안전하다면 물고기는 마음껏 먹어도 되는 것일까.

국립수산과학원에 따르면 고등어에 버금가는 '국민 생선' 명태는 2000년 이후 어획량이 제로다. 맥주 안주로 사랑받는 쥐포의 재료인 말쥐치는 한때 잡히면 그냥 버릴 정도로 흔한 생선이었지만 1980년대 이후 개체 수가 급감해 지금은 잡히지 않는다. 이제 명태는 러시아에서, 쥐치는 베트남에서 온다. 고등어는 국산에서 중국산, 노르웨이 산으로 옮겨왔다. 노르웨이 고등어마저 씨가 마르면 다른 바다를 찾을 수 있을까. 세계자연기금WWF은 "국제 어선단의 조업 능력은 지금 바다가 지탱할 수 있는 수준의 2~3배를 넘어서 전 세계 바다의 절반이 고갈됐다"고 지적한다.

노르웨이 연어 산업의 기틀을 닦은 사육학자들은 양식이 해법이라고 봤다. 마린하베스트의 슬로건은 '파란 혁명blue revolution을 선도한다' 이다. 업계는 연어 1킬로그램을 얻는 데 필요한 탄소발자국(2.5)이 소 (30), 닭(2.5), 돼지(5.9)보다 훨씬 적다고 주장한다. 양식 업계는 유전시 추 기술을 접목한 심해 양식장, 완벽한 환경 통제가 가능한 육지 양식 장 개발까지 시도하고 있다. 이제는 품종 개량을 넘어 유전자 변형까 지 넘본다. 미국 회사 아쿠아바운티가 개발한 GM연어 '아쿠아어드 밴티지AquAdvantage 연어'는 지난해 11월 미 식품의약청FDA의 승인을 받 았다. GM연어는 성장 속도가 야생 연어의 11배, 기존 양식연어의 2배 가까이 된다. 지난 5월 캐나다도 GM연어의 판매를 승인했다.

연어 치어 시설, 바다 양식장과 가공 공장은 연어 산업의 거대함을 느끼기에 충분했다. 관리는 치밀했고, 과학적이었다. 하지만 세상 사람 모두가 이렇게 많은 돈과 에너지가 투입된 연어를 먹어야 할까, 지구 저편에서 비행기 타고 온 생선을 꼭 먹어야만 할까 하는 생각이 내내 머릿속을 떠다녔다.

자연산과 양식연어가 섞이면

연어 양식의 규제망이 예전보다 더 촘촘해진 것은 맞지만 연어, 참 치 같은 먹성 좋은 물고기를 대량 사육하는 것이 지속 가능한지 판단 하기는 아직 이르다. 연어를 키우느라 바다 생물을 싹쓸이한다는 비 판이 일자 이제는 사료의 절반 이상을 옥수수, 콩 따위로 채우고 있다.

은빛 연어가 뛰어오르는 노르웨이 양식장.

전 세계 콩의 70퍼센트가 가축 사료로 쓰이는 지금, 양식 물고기까지 살찌우려면 더 많은 숲이 사라지고 콩밭이 들어서야 한다. 가령 참치는 살 1킬로그램을 얻는 데 사료 20킬로그램이 필요하다.

　연어 항생제 문제도 해결되지 못했다. 미국 최대 도매 업체 코스트코는 지난해 항생제 사용이 지나치다며 칠레 양식연어의 수입을 줄이겠다고 선언했다. 올 상반기에는 칠레 양식장에서 연어가 전염병으로 집단 폐사해 연어 값이 뛰었다. 백신으로 항생제를 대신한다 해도 문제는 끊이지 않는다. 지금 연어 양식장의 가장 큰 골칫거리는 '바다물이Sea lice'다. 연어의 피부에 기생하는 바다물이는 양식업 규모에 비례해 무섭게 번식했다. 양식장 연어가 모두 폐사할 위험은 물론 야생 연어에도 옮는다.

노르웨이에서는 지난해 이 때문에 연어 생산량이 5퍼센트 정도 줄었다. 정부는 이 문제가 해결되기 전에는 양식장 허가를 더 이상 내주지 않겠다고 공언했다. 양식장에서는 살충제를 뿌리거나 바다물이를 잡아먹는 '청소 물고기'를 가두리에 집어넣거나 온수를 분사하는 등 온갖 방법을 동원하고 있지만 아직 해법을 찾지 못했다. 비싼 레이저 기계를 양식장에 투입하는 방법까지 등장했다. 업계가 지난해 바다물이 문제에 쏟아부은 돈만 50억 크로네(6800억 원)다.

연어가 가두리를 탈출하는 일도 종종 벌어진다. 사람이 주는 사료를 먹고 통제된 환경에 길들여진 연어가 야생 연어와 유전적으로 섞이면 연어는 언젠가 자연에서 살아남는 능력을 잃어버릴지도 모른다. 현지 환경단체 그린워리어Norges Miljøvernforbund, Green Warriors의 소셜미디어에는 자체 제작한 감시선이 노르웨이 연안을 오가며 연어 배설물이 깔린 양식장 바닥을 찍어 고발하는 영상이 계속 올라온다.

세계자연기금은 1990년대 미국·유럽을 중심으로 어업 위기가 심각해지고 해양 자원 보호운동이 일어나자 1995년 세계 최대 수산 기업인 유니레버Unilever와 제휴해 전 세계 지속 가능한 어종을 분류하고 어획 기준을 정하는 비영리 단체 해양관리협회Marine Stewardship Council(MSC)를 만들었다. MSC 인증이라는 환경 라벨을 붙여 소비자를 움직이고 그 힘으로 기업을 움직이는 것이다. 현재 100여 개 국가에 MSC 라벨을 붙인 수산물이 2만 개가 넘는다. 이것이 양식업에도 확대돼 2010년에는 양식관리협회Aquaculture Stewardship Council(ASC) 인증 제도가 탄생했다. ASC는 항생제 사용 금지, 양식 주기당 300마리 이상 양식장 이탈 방지, 생선을 재료로 한 사료의 최대치와 유전자 조작 물질을 포함한 사료 사용 공개 등을 규정하고 있다. 구르스쾨위 양식장 사무실 벽에는 2012년 6월 ASC 인증을 얻었다는 증서가 걸려 있다. 노르웨이 전체 수산업 양식장 1069개 중 ASC 인증을 받은 양식장은 76개로 7퍼센트 수준이다. 마린하베스트는 2020년까지 모든 양식장에 ASC 인증을 받는 것을 목표로 하고 있다. 이외에도 해초 사료를 쓰거나, 초식 물고기를 양식하는 방법, 물고기를 배설물을 분해하는 해초와 같이 양식하는 방법 등 지속 가능한 양식을 위해 여러 시도가 이뤄지고 있다.

환경단체들은 어차피 인증 제도는 판촉 수단일 뿐이라며 불신의 눈길을 보낸다. 그린피스 북유럽 지부의 북극해 캠페이너인 할바르 로반은 "ASC 인증에는 바닷물이를 없애기 위해 쓰이는 과산화수소 등 화학약품에 대한 규제가 없다"며 "이런 인증은 자칫 소비자들에게 친환경 생선을 먹는다는 착각을 일으킬 위험이 있다"고 지적했다. 지속 가능한 해산물 리스트를 만드는 미국 캘리포니아 몬터레이만수족관의 해산물감시위원회Seafood Watch는 노르웨이의 ASC 인증 연어를 인정하지 않는다. 양식장 두 곳을 뺀 노르웨이 양식연어는 '피해야 할 생선'으로 붉은 딱지가 붙어 있다.

인구는 더 늘어나고 사람들은 더 많은 물고기를 먹게 될 것이다. '생물' 물고기의 미래와 '식품' 물고기의 미래 사이의 균형점은 어디일까.

빨간 바칼랴우, 하얀 바칼랴우

노르웨이 사람들이 즐기는 생선 요리는 그들의 삶을 닮았다. 단순하고 소박하다. 청어를 팬에 구워 감자와 곁들여 먹거나 아침에는 토마토소스로 만든 고등어 통조림을 즐겨 먹는다. 사시미, 스시 등 일본 식문화의 영향으로 생선을 날것으로 즐기는 사람이 늘고 있지만 여전히 생선은 말리거나 염장하거나 훈제하는 것이 기본이다.

그중에서도 노르웨이의 '국민 생선'은 대구다. 대구를 이용한 '바칼랴우'는 가장 서민적인 음식이다. 바칼랴우는 포르투갈에서 왔다. 포르투갈어로 '대구'를 뜻하는 바칼랴우가 노르웨이에서는 소금에 절여 말린 대구를 뜻하는 단어로 쓰이고 그 요리 자체를 말하기도 한다. 노르웨이 사람들이 바칼랴우를 먹기 시작한 것은 19세기 이후부터라고 한다. 바칼랴우가 노르웨이 요리책에 처음 등장한 것이 1893년이다. 그전에는 소금에 절이거나 그냥 말렸다. 그러다 노르웨이 해안까지 대구를 잡으러 왔던 포르투갈 어선을 통해 소금에 절인 후 말리는 방법이 전해졌다. 어선에 좀더 많은 대구를 상하지 않게 싣고 다니기 위해 나온 묘안이었다. 이후 노르웨이는 지중해와 브라질 등에 바칼랴우를 공급하는 주요 수출국이 됐다. 노르웨이 어로는 돌에 넣어 말린다는 뜻으로 클립피스크Klippfisk라고 부른다. 지금은 업체에서 온풍기로 말린다.

노르웨이의 바칼랴우 '생산 기지' 올레순에서 만난 수산 가공 업체 닐스 스페레의 사장 하랄 스페레는 "대구를 24퍼센트 농도의 소금물에 21일 동안 담근 후 예전에는 12일 정도 햇볕에 말렸다. 지금은 18~20도씨 온풍이 나오는 기계로 며칠 만에 건조시킨다"고 설명했다.

바칼랴우는 매우 짜서 그냥 먹을 수 없다. 조리하기 전 며칠 동안 물에 담가서 소금기를 빼야 한다. 소금기를 적절하게 잘 빼는 것이 요리의 관건이다. 조리법은 수백 가지에 달하지만 대표적인 조리법은 토마토소스를 이용한 '빨간 바칼랴우rød Bacalau'와 베샤멜소스나 크림소스를 이용한 '하얀 바칼랴우Hvit Bacalau'다.

빨간 바칼랴우(4인분)

클립피스크 500그램, 작은 양파(샬럿) 12개, 작은 감자 16개(중간 크기는 10개), 마늘 2쪽, 블랙 올리브 한 줌, 파슬리 한 줌, 후추, 토마토소스 2캔, 올리브오일 150밀리미터, 사우어크림

1_ 클립피스크를 이틀 동안 물에 담근다. 물은 하루에 한 번 갈아준다.
2_ 마늘과 칠리를 다져 올리브유를 두른 팬에 넣고 2분간 볶는다.
3_ 양파를 반으로 잘라 2에 넣어 5분간 볶는다.
4_ 토마토소스를 넣고 뚜껑을 닫은 채 뭉근하게 끓인다.
5_ 감자를 반으로 잘라 4에 넣고 1시간 동안 끓인다. 감자에 소스가 잘 배게 섞어준다.
6_ 감자가 익으면 클립피스크를 넣고 15~20분 정도 약한 불에서 끓인다.
7_ 마지막 5분을 남겨두고 올리브를 넣는다.
8_ 후추와 파슬리를 뿌린 뒤 빵과 사우어소스를 곁들여 접시에 담는다.

하얀 바칼랴우(4인분)

클립피스크 500그램, 양파 3개, 작은 감자 16개, 파프리카 1개, 칠리 반 개, 마늘 2쪽, 블랙 올리브 한 줌, 크림 300밀리리터, 버터 2스푼, 후추

1_ 큰 팬에 중간불로 버터를 녹인다.
2_ 마늘과 칠리, 적당한 크기로 썬 양파를 먼저 볶다가 감자를 썰어 함께 볶는다.
3_ 소금기를 뺀 클립피스크를 적당한 크기로 썰고 3과 올리브를 잘 섞는다.
4_ 오븐 용기에 3이 잘 잠기도록 크림을 붓고 후추를 뿌린다.
5_ 200도로 예열한 오븐에 4를 넣고 1시간 동안 익힌다.

조리법 출처: nordicdinner.net

돌아오지 않는 연어

2

세계의 닭 공장

|

2016 09.10-09.14

브라질의 경제 중심지 상파울루 한복판 아클리마상의 좁은 오르막 뒷골목에는 닭고기와 달걀만 파는 '포피뉴 프랑구Fofinho frango'가 있다. '포동포동한 닭'이라는 뜻의 이 가게에서는 20여 군데의 닭 부위를 판다. 가슴살만 해도 뼈를 발라낸 것과 얇게 포를 뜬 것, 뼈가 남아있는 것 세 종류다. 닭다리는 다리뼈가 들어 있는 북채와 토막 친 것, 뼈를 발라낸 닭다리살, 허벅지 위쪽 살로 나뉜다. 모래집과 심장, 간 같은 내장은 따로 진열돼 있다.

우리가 '닭똥집'이라 부르며 술안주로 즐겨 먹는 닭 모래집은 파울리스타Paulista(상파울루 시민)들도 좋아하는 식재료다. 토마토소스와 함께 요리해 쌀밥이나 빵과 함께 먹기도 하고, 내장 부위를 섞어 슈하스쿠Churrasco라는 전통 꼬치구이를 만들기도 한다.

대서양

브라질

상파울루

상파울루 중앙시장의 닭고기 전문 정육점.

파울리스타의 치킨 레시피

마를리(62세)는 여기서 닭고기와 달걀을 판 지 올해로 41년이 됐다. 전에는 주변 농장에서 닭을 가져다가 직접 털을 뽑고 손질해 팔았지만 지금은 새벽마다 도매시장에서 토막토막 다듬어진 고기를 사온다. 위생 문제로 몇 해 전 당국이 소매점에서 닭을 직접 잡는 것을 금지했기 때문이다. 가게에서 닭을 손질하던 시절에는 직원이 30명에 이르기도 했지만 지금은 15명이 돌아가며 근무한다. 요즘 가장 많이 팔리는 부위는 가슴살이다. 건강에 대한 관심이 높아지면서 소금과 레몬, 마늘만 사용해 뼈를 발라낸 가슴살이나 다리살을 그릴에 구워 먹는 사람이 늘었다고 한다.

상파울루 사람들에겐 자기만의 닭고기 레시피가 하나씩은 있다. 마를리는 염소 창자에 닭고기를 채워 만든 소시지의 일종인 '링구이사지 프랑구Linguiça de frango'를 즐겨 먹는다. 상파울루 중앙시장 '메르카두 무니시팔Mercado municipal'에서 닭고기 정육점을 하는 마리아 레시(57세)는 토마토소스와 마늘, 양파와 함께 푹 삶아 만든 닭발 수프를 좋아한다. 대형 슈퍼마켓 체인 '엑스트라Extra'에는 한국의 웬만한 대형 마트 정육 코너 전체 크기와 맞먹는 닭고기 코너가 있다. 진열대를 둘러보던 마리사(63세)는 1킬로그램짜리 한 팩에 11헤알(약 3800원) 하는 닭고기 브랜드 '사디아Sadia'의 냉동 닭 가슴살을 집어 들었다. 그릴 구이와 튀김, 중국식 볶음 요리를 만들어 먹을 거라고 했다.

브라질 식문화에서 닭고기는 빼놓을 수 없는 식재료다. 길거리 어디

상파울루 외곽의 한 대형 마트에 수백 종류의 닭고기 '제품'이 전시돼 있다.

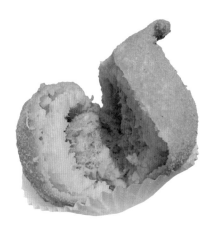

닭다리 모양으로 만든 '코시냐'는 브라질에서 가장 인기 있는 길거리 간식이다. 길거리에서 산 '코시냐'를 가르면 감자 반죽과 다진 닭고기 살이 나온다.

서나 볼 수 있는 간식은 '작은 허벅지'라는 뜻인 '코시냐Coxinha'다. 닭고기를 다져 밀가루와 감자, 닭 육수를 넣은 반죽으로 감싼 뒤 닭다리 모양으로 만들어 튀긴 음식이다. 19세기 브라질에 잠시 입헌군주제가 실시됐을 때, 조리할 닭고기가 부족해지자 왕실 요리사가 고안해낸 요리라는 이야기도 있다. 한국의 닭볶음탕과 비슷한 '프랑구 앙 몰류Frango ão molho', 닭고기를 양념해 불에 구운 '필레 지 프랑구File de frango'는 동네 허름한 식당 어디서든 찾아볼 수 있다.

어쩌면 진짜 '평화의 새'는 비둘기가 아니라 닭일지도 모른다. 세계 곳곳에서 누군가는 돼지고기를 먹지 않고, 누군가는 쇠고기를 먹지 않지만 닭고기를 꺼리는 문화는 없다. 사막을 떠도는 중동 유목민의 후예들은 더운 날씨에 쉽게 상하는 돼지고기를 먹지 않는다. 농사를 지어 먹고살았던 인도의 힌두교도들은 중요한 노동력인 소를 감히 잡아먹을 수 없었다. 그래서 인도네시아처럼 힌두 문화권과 이슬람 문화권이 만나는 곳에서는 닭 요리가 발달했다. 미국의 인기 애니메이션 시리즈 「심슨 가족」에서 예루살렘에 간 호머 심슨은 "돼지를 먹지 않거나(무슬림), 조개류를 먹지 않는 사람(유대교도)은 있지만 우리 모두 치킨은 사랑하지 않느냐"고 외친다.

🍳 신대륙으로 간 닭

닭이 어디서도 금기의 재료가 되지 않았던 이유는 기르기 쉽고 곡식을 많이 축내지 않는 데다 금방 길러 잡아먹을 수 있어서다. 닭은 딱히 농사에 필요한 동물도 아니었고, 고기와 달걀은 농경사회 사람들에게 부족한 필수아미노산을 채워줬다. 4000여 년 전 인더스 계곡에 살던 사람들이 길들인 닭은 빠른 속도로 중동을 거쳐 유럽과 세계로 퍼져나갔다. 20세기에 닭 키우기는 대규모 산업이 됐다. 지금 지구상에는 190억 마리의 닭이 산다.

닭고기를 가장 많이 생산하는 나라는 미국이지만 가장 많이 수출하는 나라는 브라질이다. 세계에서 매년 도축되는 닭 400억 마리 중 브라질에서 도축되는 것이 68억 마리다. 해마다 지구에 사는 사람 수만큼의 닭이 고기가 되는 셈이다. 2015년 브라질은 닭고기를 1314만 톤 생산했고, 이 가운데 884만 톤을 국내에서 소비했으며 430만 톤을 수출했다.

한국인들도 지구 반대편에서 날아온 브라질 산 닭고기를 먹는다. 2005년 9월부터 국내에 들어오기 시작한 브라질 산 닭고기는 10년 만에 저렴한 가격과 높은 품질로 '주류'가 됐다. 농림축산검역본부의 통계를 보면 2015년 브라질 산 닭고기 수입량은 수입 개시 이듬해인 2006년의 5배로 늘었다. 2015년 한 해 동안 국내에 수입된 닭고기 9만9259톤 중 91퍼센트가 브라질 산이었다.

세계에서 닭고기를 가장 많이 수출하는 브라질의 대형 닭 농장.

브라질 산 닭고기가 밀려온 시기는 치킨집 창업이 폭발적으로 늘어난 시기와 맞물린다. 2013년 KB금융그룹이 신용카드 개인사업자 가맹점 기준으로 집계한 전국의 치킨 전문점은 3만6000곳. 2002년 이후 10년 동안 매년 2300곳씩 늘었다고 한다. 취업난에 일자리를 찾지 못한 청년들과 은퇴한 베이비붐 세대가 진입 장벽이 낮은 치킨집 창업에 뛰어든 결과다. 이 시기 한국에서는 순살 치킨과 닭강정, 파닭과 불닭이 유행했다. 통닭 대신 등장한 이 새로운 치킨 가운데 상당수는 값싸고 크기가 큰 브라질 산 닭고기로 만든다.

브라질 사람들은 언제부터 닭을 키웠을까. 남미에서 닭의 역사는 곧 이민의 역사다. 콜럼버스가 도착하기 전까지 아메리카 대륙에는 닭이 없었다는 것이 정설이다. 폴리네시아에서 옮겨온 닭의 한 종류가 칠레에 있었다는 학설도 있지만 검증되지는 않았다. 스페인과 포르투갈의 정복자들이 닭을 배에 싣고 대서양을 건너온 뒤에야 브라질 사람들은 닭을 만났다. 적응력 좋은 새는 빠르게 낯선 땅에 정착했다. 달걀과 닭은 화폐 대신 쓰일 정도로 흔해졌다.

이민자들이 만든 닭 공장

산업화 초기였던 19세기에 가난과 사회적 혼란에 시달리던 이탈리아 농민들은 넓은 땅과 일자리가 있다는 아메리카로 눈을 돌렸다. 이 시기 브라질에서는 아프리카에서 미주로 이어지는 대서양 노예 무역이 금지되면서 노동력이 부족해졌다. 브라질 농장주들은 백인이면서 같은 가톨릭 문화권에 속한 이탈리아 이민자를 격하게 환영했다. 1880 년부터 1900년 사이, 100만 명에 가까운 이탈리아인들이 브라질에 도착했다. 이들은 남부 산타카타리나, 파라나 등지에 주로 정착했다.

이탈리아 이민자들은 원주민들이 집 뒷마당에 풀어놓고 기르던 닭을 산업화했고, 이로써 오늘날 브라질 양계업의 토대가 만들어졌다. 브라질의 대표적인 식품 회사이자 세계 최대 규모의 육가공 기업인

브라질의 닭고기 가공 공장 풍경.

BRF는 남부에 위치한 작은 주 산타카타리나에 살았던 이탈리아 이민자 가족들이 1934년에 차린 작은 양계장이 모태였다. 남부는 지금도 브라질 최대의 닭고기 생산지다.

닭 산업은 시간이 지나면서 브라질의 핵심인 동남부 지역으로, 그리고 전국으로 퍼졌다. 양계업의 북상은 상파울루와 리우데자네이루 등 대도시에 정착한 중국과 일본 이민자들이 주도했다. 1960년대부터 양계업은 명실공히 '산업'이 됐다. 소고기를 좋아했던 브라질인들은 이 무렵부터 닭고기를 더 많이 먹게 됐다고 한다. 2014년 OECD가 조사한 주요국 육류 소비량을 보면, 브라질인 한 사람이 1년에 닭고기 38.7 킬로그램을 먹는다. 쇠고기는 27킬로그램, 돼지고기는 11.9킬로그램으로 닭고기에 미치지 못한다. 한국에서 '치맥'이 유행이라지만 한국인의 1인당 연간 닭고기 소비량은 15.4킬로그램으로 브라질의 절반도 안 된다.

브라질 닭 산업은 자국의 엄청난 소비량을 채우고도 남는 고기를 외국에까지 팔 수 있을 정도로 성장했다. 1979년 닭고기 수출이 시작됐고, 1980년대 중반부터 수출량이 급증했다. 최대 고객은 중동과 동아시아다. 올해 브라질 닭을 가장 많이 사간 나라는 사우디아라비아였다. 그다음이 중국, 유럽연합, 일본, 아랍에미리트 순이다.

맥너겟이 키운 스모닭

브라질에서 닭고기는 철저하게 규격화된 생산품이다. 종계는 대부분 외국에서 들여왔다. 가장 널리 퍼져 있는 품종은 미국 아칸소에 본사를 둔 육계 회사 코브-반트레스가 만든 코브Cobb 품종이다. 코브는 브라질에서 키우고 있는 종계의 70퍼센트를 차지한다.

패스트푸드 업체들이 다진 닭고기로 만든 너겟과 닭고기 패티를 앞다퉈 개발하면서, 다국적 기업이 개량한 닭들은 더 이상 동물이 아닌 '고기 생산 기계'가 됐다. 적은 사료를 먹고 빨리 자라게 '만들어진' 닭에는 자동차처럼 모델명이 붙는다. 코브-반트레스가 개발한 코브500의 공식 소개 문구는 '사료를 적게 먹는 닭으로 개량된 가장 효율적인 구이용 영계'다. 코브700은 이보다 한층 더 개량돼, 짧은 시간 동안 더 뚱뚱하게 자란다. 코브는 한국 양계 업체에서도 많이 키우는 품종이다.

품종에 따라 다르지만 닭은 보통 5~10년을 산다. 기네스북에 오른 '가장 오래 산 닭'은 16세에 미국 앨라배마에서 심장마비로 죽은 암탉이다. 하지만 종계를 생산하는 회사에서는 닭의 수명을 줄이기 위해 노력한다. 조금이라도 빨리 키워 잡아야 사료와 시설비가 적게 들고 육질이 부드럽기 때문이다.

1960년대 이전까지만 해도 90일 동안은

코브-반트레스가 만든 계량 닭 종자 코브700 품종.

키워야 무게가 2킬로그램이 되던 닭이 지금은 42일 만에 2킬로그램 넘게 자라 도축할 수 있는 크기로 된다. 알을 낳을 수 있을 정도로 성숙되기도 전이다. 인간으로 치면 어린아이가 성인의 뚱뚱한 몸을 갖게 된 셈이다. 패티나 너겟용으로 많이 쓰이는 닭가슴살은 비정상적으로 커졌다. 브라질의 대형 마트에서 흔히 팔리는 뼈가 붙은 가슴살은 무게가 1킬로그램에 이른다. 몸무게의 절반이 가슴살인 셈이다. 이는 닭의 근육이 가슴 부위에 몰리도록 육계 회사가 닭의 성장 과정을 인위적으로 조작하기 때문이다. 『식량의 종말』을 쓴 미국 저널리스트 폴 로버츠는 "1980년 맥도널드가 '치킨 맥너겟'이라고 이름 붙인 메뉴를 개발한 뒤 닭들은 비정상적으로 빠르게 스모 선수 체형이 됐다"고 말한다.

가슴살만 커진 닭들이 제대로 움직일 수 있을까. 골격이 체중을 따라가지 못하는 닭들은 만성적인 통증 때문에 물통이나 사료통까지 걷기도 힘들어한다. 근육을 너무 빨리 키워 다른 신체 조직이 성장 속도를 따라갈 수 없는 것이다. 세포가 제대로 형성되지 못해 근육이 계속 수축 상태인 경우가 많고, 모세혈관이 거대한 근육에 영양을 공급할 만큼 충분히 발달하지도 못한다. 이로 인해 닭고기 색이 창백해지고, 육질이 흐물흐물하고, 수분이 빠져나오는 PSE(Pale, Soft, Exudative)라는 증상이 나타난다. 미국을 비롯한 곳곳의 거대 닭 공장에서 흔히 벌어지는 일이자, 양계 업계의 오랜 고민거리다. 손쉬운 해결책 중 하나는 닭고기에 인산염 따위를 주입해 수분이 새어나오지 못하게 하는 것이다.

개량된 닭들은 병아리 시절 농가에 공급된다. BRF나 브라질의 대형 육가공 업체 JBS는 양계 농가 20만여 곳에 부화기에서 알을 까고 나온 병아리들을 분양한다. 기업이 농가에 내주는 것은 병아리만이 아니다. 수의사와 사료도 한꺼번에 보낸다. 사료와 물을 얼마나 줄지, 닭 축사의 시설은 어떻게 관리할지도 기업이 정한다. 양계장 주인은 닭을 정해진 날짜까지 키워 보내는 역할만 한다. 잘 관리된 공정 속에서 표준화된 맛과 크기, 품질을 지닌 닭고기가 만들어지는 것은 한국이나 미국이나 브라질이나 똑같다.

무게를 채운 닭은 가공 공장으로 옮겨져 도축된다. 흰색 가운으로 온몸을 가린 여성 노동자들이 부위별로 해체된 닭을 판매용으로 포장한다. 브라질 동물단백질협회Associação Brasileira de Proteína Animal(ABPA)가 공식적으로 분류하는 '닭 제품'은 모두 41종이다.

🥣 양계장의 유칼립투스

닭 산업과 함께 닭들의 몸집은 커졌고, 삶은 짧아졌으며, 몸은 약해졌다. 브라질에서는 대기업으로부터 위탁받아 닭을 키우는 곳 주변에 유칼립투스 나무를 많이 심는다. 다른 동물이나 바이러스, 세균이 들어오지 못하도록 하고 주변 마을로 냄새가 빠져나가는 것을 막기 위해서다. 호주가 원산인 유칼립투스는 강한 독성을 지닌 천연 항균 물질을 주변에 뿜어낸다.

대규모 양계장 주변에 유칼립투스를
심어 세균과 냄새를 막는다.

　외부인의 출입은 물론 정기적으로 농장을 출입하는 관계자들이 들
고 나는 것조차 철저히 관리된다. 사료를 운반하는 트럭도 농장 안으
로 들어가지 못할 정도다. 동물단백질협회에 소속된 회사가 운영하는
양계장은 일반적으로 7일 동안 조류와 접촉하지 않았다는 증명을 해
야 농장에 들어갈 수 있다. 조류독감이 발병했던 나라에서 체류한 사
람은 농장에 들어갈 수 없다.

　이토록 양계장의 위생 관리에 집착하는 것은 일단 질병이 생기면 순
식간에 퍼져나가 수백만 마리가 폐사하게 되는 대규모 축산 환경 탓
이다. 특히 고기를 많이 얻을 수 있도록 개량된 미국산 닭은 토종닭보
다 면역력이 훨씬 더 약하다. 게다가 닭 대부분은 면역력이 생기기도
전에 도축된다. 대규모 닭 농장들이 가공 공장 주변에 몰려 있어 병이
퍼지기도 쉽다.

　산업화된 닭 농장에서 가장 두려워하는 질병은 조류독감AI이다. 값
싼 고기를 빨리 얻기 위해 비좁은 공간에 닭을 밀어넣고 항생제와 영
양제를 투여했지만 항생제 내성이 있는 균이 만들어낸 새로운 질병의

가능성은 미처 생각해보지 않았다. 1990년대 후반 아시아에서 발생한 조류독감은 공장식 축산의 부작용을 돌아보는 계기가 됐다.

브라질에서는 지금까지 조류독감이 한 번도 없었다. 그래서 이 전염병이 아시아와 미국을 휩쓸었을 때 반사이익을 톡톡히 봤다. 동물단백질협회 본부를 찾았을 때 만난 양계인들은 "그게 다 우리 닭들이 정말 좋은 환경에서 자라기 때문"이라고 주장했다. 성장호르몬을 사용하지 않고, 법으로 엄격하게 규제해 항생제도 쓰지 않는다고 했다. 소처럼 사육 기간이 긴 가축은 성장호르몬 주사가 효과 있지만, 40일 정도만 키우는 닭에는 소용없다는 설명도 곁들였다.

실제로 브라질에서 육계용 닭은 좁은 케이지(우리) 대신 거대한 닭장의 울타리 안에서 산다. 빽빽하게 모여 살기는 해도, 몸 돌릴 틈조차 없는 악명 높은 공장식 사육장에 비하면 그나마 나은 편이다. 땅덩어리가 워낙 넓어서 가능한 일이기도 하다. 동물권에 대한 인식이 높아지고 케이지 사육에 대한 비판이 거세진 것도 영향을 미쳤다. 유럽연합은 1제곱미터당 사육할 수 있는 닭의 전체 중량이 35킬로그램 미만이어야 한다고 규정하고 있는데, 브라질의 축사에서 자라는 닭들은 1제곱미터당 평균 28킬로그램 정도만 수용된다. 추운 남쪽에서는 닭들이 좀더 조밀하게 살고, 따뜻한 중부 지방에서는 약간 더 넓은 공간에서 산다.

동물단백질협회는 한때 효율성을 높이기 위해 면적당 닭 개체 수를 늘리려 시도했으나 닭끼리 서로 잡아먹는 참상이 발생해 그만뒀다고 한다. 그러나 달걀을 생산하기 위한 산란용 암탉의 세계에서는 '배터리 케이지battery cage'가 아직 퇴출되지 않았다. 배터리 케이지는 가로 50센티미터, 세로 50센티미터의 닭장이 종횡으로 연결된 대량 사육용 구조물인데, 산란계들은 한 칸에 대여섯 마리씩 갇혀서 알을 낳는다.

🌱 리카르두의 토종닭

상파울루 근교의 이타치바에서 토종닭을 키우는 루이스 리카르두 비앙키(51세)는 이 일대에서 처음으로 닭을 기르기 시작한 이탈리아인 중 한 명의 후손이다. 그의 할아버지 엠마뉴엘은 1930년대에 친구와 함께 커피나무를 키우려다 방향을 바꿔 닭을 선택했다. '파밀리아비앙키Familia Bianchi(비앙키 가족)'로 이름 붙여진 가업은 아들을 거쳐 손자인 리카르두에게까지 내려왔다.

9월 13일 그의 양계장을 찾았다. 이곳의 닭들이 말하자면 브라질 닭의 원형이다. 1930년대 대공황 때 남들처럼 하얀 수입 닭을 길러 성장한 파밀리아비앙키는 양계 산업의 경쟁이 치열해지자 틈새시장을 찾아 나섰다. 시골 어디서나 볼 수 있던 토종닭을 되살리는 것이 목표였다. 미국에서 닭 유전학자까지 초빙해 10여 종의 닭을 교배했고, 브라질 토종닭의 옛 모습을 재현했다. "금잔화를 사료에 섞었어요. 그걸 먹으면 닭의 살갗이 예전 도종닭처럼 노랗게 됩니다." 리카르두가 설명했다.

철망으로 벽을 댄 커다란 계사 두 동에 까만색과 갈색, 흰색, 노란색 닭들이 뒤섞여 있다. 울타리 문은 닫혀 있지만 계사 문은 활짝 열려 있다. 닭들은 그늘지고 바람이 잘 통하며 사료와 물이 있는 계사와 풀이 나 있는 작은 앞마당을 자유롭게 돌아다닌다. 울타리 문을 열고 들어서자 닭들이 낯선 사람을 보고 푸드덕거리며 계사 안으로 들어간다.

"이 애들은 오늘로 생후 76일이 됐어요. 내일이면 고기가 될 운명입니다. 자기들이 내일 죽을 걸 안다면 아마 도망이라도 가고 싶을 텐데, 이 녀석들은 모르겠지."

엘리우(53세)는 청바지에 갈색 구두 차림으로 닭들을 쓰다듬었다. 엘리우는 리카르두에게서 닭을 받아와 키우는 위탁업자다. 이틀 이내에 다른 조류를 접촉했다면 양계장을 방문할 수 없고, 방문객들은 몸을 덮는 비닐 옷과 장갑, 신발 덮개를 착용해야 한다. 그래도 여기서는 외부인들이 닭장 안에 들어가 닭을 만져볼 수 있다. 이곳 닭들은 튼튼하다. 토종닭의 일생은 규격화된 대형 양계장에 사는 닭보다 두 배 가까이 길다. 몸무게는 1.7킬로그램 정도로 덜 나간다.

엘리우의 생활은 뒷마당에서 닭을 기르던 옛 농부들과 크게 다르지 않다. 매일 아침 6시 30분이면 아내와 함께 닭장으로 나와서 물통을 깨끗이 닦아 물을 넣어두고 사료통을 충분히 채운다. 하루 종일 필요할 때마다 왔다갔다하면서 닭을 돌본다. 해가 뜨면 닭들은 축사 밖으로 나와 마당을 거닌다. 가끔 힘이 좋은 닭은 울타리를 넘어 농장 밖으로 날아가기도 하지만 눈썰미 좋은 엘리우에게 곧 잡혀오거나 알아서 집을 찾아온다. 해가 지면 닭들은 축사로 들어가 잠을 청할 준비를 한다.

브라질 상파울루주 이타치바에서 브라질 토종닭 양계장을
하는 엘리우가 축사에서 닭들을 둘러보고 있다.

물론 이 양계장도 현대식 닭 사육 시스템에서 자유로울 수는 없다. 엘리우는 파밀리아비앙키가 인공부화기에서 부화시킨 병아리들을 한꺼번에 들여오고, 75일 정도 키워 한꺼번에 도축장으로 보낸다. 엘리우는 "닭은 접시 위에 올려놓았을 때가 가장 예쁘다"고 했지만 두 달 넘게 정을 붙인 닭들이 떠날 때는 울적해진다고 했다. 닭들도 짧은 생이지만 그를 알아보고 나름대로 교감을 한다.

"평소에는 반바지를 입고 축사에 나오는데 오늘 아침에 긴바지를 입고 나왔더니 닭들이 나를 못 알아보는 것 같더라고요."

보름간 축사에 널린 깃털과 배설물을 청소하면 새 병아리들이 들어오고, 매일 새벽 축사에 들르는 일상이 반복된다.

🥄 지금은 '닭의 지질 시대'

"유전자를 계속 개량하다보면 나중에는 가슴살만 남은 닭도 나오지 않을까요. 중국 사람들은 닭발 요리를 좋아하니까, 발이 네 개 달린 닭을 만들면 잘 팔리겠군요." 닭의 품종 개량 과정을 열심히 설명하던 동물단백질협회의 후이 에두아르두 살다냐 바르가스 부회장은 너털웃음을 터뜨리며 이렇게 말했다. "물론 농담입니다. 그렇게 되면 닭이 서 있을 수도, 살아 있을 수도 없겠죠."

그러나 고기 외에 쓸모없는 부위를 없애버리겠다는 이 상상은 일부에서 현실이 되고 있다. 이스라엘 히브리대 과학자들은 2002년 가공

생후 75일가량 된 닭들은 다음 날이면 고기가 될 운명이다.

마트 진열대에 놓인 거대 닭가슴살. "유전자를 계속 개량하다보면 나중에는 가슴살만 남은 닭도 나오지 않을까요?"

비용을 줄이겠다며 '깃털 없는 닭'을 개발했다. 깃털이 한 오라기도 없이 분홍빛 살갗이 그대로 드러난 닭은 세계에 충격을 던져줬다.

최근 몇몇 지질학자는 1950년대 이후의 지질 시대를 '현세'와 구분되는 '인류세人類世, Anthropocene'로 분류해야 한다며, 후대 사람들이 인류세의 지질을 파헤친다면 가장 흔하게 나오는 화석은 아마도 닭뼈일 것이라는 분석을 내놨다. 인간은 수천 년 전부터 닭을 먹었지만, 과거보다 눈에 띄게 많은 양의 닭을 최근 수십 년간 먹어치우고 있다. 옛날 사람들은 닭의 목을 직접 비틀어 잡았고, 냄새 나고 더러운 닭장에서 달걀을 주워왔지만 우리는 전화 한 통으로 프라이드치킨을 주문하거나 먼지 하나 없는 대형 마트에서 포장된 닭고기를 산다. 시간이 지날수록 닭고기를 먹기는 더 편해졌고, 더 많이 먹게 됐고, 양계업은 더 큰 산업이 됐다.

"닭은 불운한 동물이에요. 멸종이 아니라 급증으로 비운을 맞이했죠. 차라리 멸종하는 편이 더 나았을지도 모릅니다. 사람들이 수십억 개의 달걀과 수백만 킬로그램의 닭고기를 원하는 이상, 수백만 명에게 닭고기 제품을 전할 수 있는 방법은 뻔한 것 아니겠어요."

닭이 전 세계로 퍼진 과정을 추적한 미국 프리랜서 저널리스트 앤드루 롤러의 논픽션 『치킨로드』에 인용된 동물보호 운동가 캐런 데이비스의 말이다.

브라질이 1등인 것

브라질이 닭고기 수출에서만 두각을 보이는 것은 아니다. 우선 땅이 넓다. 남미에서 땅덩이 크기로 1위다. 국토 크기가 남한 면적의 85배 정도 되고 러시아-캐나다-중국-미국에 이어 세계에서 다섯 번째로 크다. 인구는 2억 명 정도로 포르투갈어를 쓰는 국가 중에서 가장 많다. 페루의 안데스 산지에서 발원해 브라질 북부를 관통하는 아마존강은 길이가 7062킬로미터이고, 전 세계에서 바다로 흐르는 담수의 20퍼센트를 공급할 만큼 유량도 어마어마한 세계 최대의 강이다. 지구상 최대의 열대우림인 아마존 우림에서도 브라질이 차지하는 면적이 가장 많다.

브라질은 전 세계 커피 생산량의 30퍼센트를 차지하는 세계 최대의 커피 생산지이기도 하다. 커피의 고향은 아프리카지만 18세기 포르투갈인이 브라질에 커피나무를 들여왔고, 19세기 엄청난 수의 노예가 유입되면서 대규모 커피 농사가 본격적으로 시작된다.

많은 사람이 축구를 가장 잘하는 나라로 브라질을 꼽는다. 브라질 축구 국가대표팀은 전 세계에서 유일하게 역대 월드컵 본선 20차례에 모두 진출했으며 우승한 횟수도 5회로 가장 많다. 안타깝게도 브라질이 월드컵을 개최했던 2014년에는 준결승에서 독일에 1 대 7로 패배해 월드컵 준결승 사상 최다 점수 차 패배라는 기록도 남겼다.

브라질의 대표 술, 카샤사와 카이피리냐

브라질 사람들이 가장 사랑하는 술은 발효시킨 사탕수수즙을 증류해 만든 40도짜리 독주 카샤사Cachaça다. 16세기 포르투갈에서 온 식민 지배자들이 마데이라에서 들여온 사탕수수를 브라질에서 경작하기 시작하면서 만들어지기 시작했다. 같은 사탕수수 증류주인 럼과 비슷해 '브라질 럼'이라고 불리기도 하지만 럼은 사탕수수를 설탕으로 가공할 때 나오는 찐득한 당밀을 사용해 만들고 카샤사는 사탕수수에서 바로 짜낸 신선한 즙으로 만드는 차이가 있다. 증류 직후 병입해 판매하는 저렴한 '화이트 카샤사', 나무통에서 숙성 후 병입해 연한 갈색을 띠며 맛이 부드러운 '다크 카샤사'로 크게 나뉜다. 다크 카샤사는 보통 3년가량 숙성시키지만 최고급 카샤사는 15년까지 숙성시키기도 한다.

멕시코에 마가리타, 쿠바에 다이키리와 쿠바리브레가 있다면 브라질에는 카샤사로 만드는 칵테일 '카이피리냐Caipirinha'가 있다. 카샤사에 라임과 설탕, 얼음만 넣어 만드는 단순한 칵테일로 새콤달콤한 맛 때문에 인기가 높다. 카이피리냐는 포르투갈어로 '시골 아가씨'라는 뜻이다. 라임이 들어가는 것이 정석이지만 키위, 파인애플, 패션프루츠 같은 다른 열대과일도 잘 어울린다.

구하기 어려운 카샤사 대신 다른 술을 넣으면 안 될까. 진이나 럼, 보드카도 어울린다. 다만 카샤사가 들어가지 않으면 카이피리냐라고 부를 수 없다고 한다. 보드카를 넣은 것은 카이피로스카Caipiroska, 럼을 넣은 것은 카이피리시마Caipirissima라고 부른다. 브라질로 이주한 일본인들은 카샤사 대신 사케와 과일을 섞어 사케리냐Saquerinha를 만들었다.

유럽과 아프리카, 원주민의 흔적이 남은 브라질 요리

브라질은 남미에서 유일하게 포르투갈어를 쓴다. 스페인 식민지였던 여타 지역과 달리 브라질은 16세기부터 19세기 초까지 포르투갈의 식민 통치를 받았다. 19세기에는 이탈리아인이 대거 이주하기도 했다. 브라질 음식은 유럽 이민자의 영향, 유럽인 식민 통치자가 데려온 노예의 후손이 남긴 아프리카의 영향, 그리고 남미 원주민의 영향을 골고루 받아서 다채롭게 발달했다.

가장 잘 알려진 브라질 요리는 콩과 쇠고기 또는 돼지고기를 넣어 만든 스튜인 페이조아다Feijoada다. 리우데자네이루 등 포르투갈인이 정착했던 지역의 대표 요리다. 과거 흑인 노예들이 족발이나 꼬리, 귀, 내장 같은 부

페이조아다

위를 넣고 끓여 먹던 것이 전통 음식으로 발전한 것이 아니냐는 설이 있었지만 오히려 식민지 시대에 페이조아다는 상류층만 먹을 수 있는 고급 요리였다. 당시에는 남미에서 소고기와 돼지고기가 매우 귀했기 때문이다. 유럽 상류층이 경작하기 쉽고 비용도 적게 드는 콩을 주식으로 삼아 고기와 함께 요리해 먹은 것이 페

카사바

이조아다의 기원이라는 설이 최근에는 힘을 얻고 있다. 포르투갈의 식민 지배를 받았던 마카오와 앙골라 같은 지역에서도 이와 비슷한 콩 스튜를 먹는다.

브라질에서는 콩과 쌀도 많이 먹지만 열대작물인 카사바Cassava의 뿌리를 갈아 만든 녹말이 여기저기에 많이 쓰인다. 한국에서도 한동안 유행했던 버블티에 들어 있는 타피오카 펄이 바로 카사바다. 카사바 가루로 만드는 대표적인 음식은 아침 식사나 간식으로 많이 먹는 쫀득한 치즈빵, 빵지 케이주Pão de Queijo다. 과거 노예들은 다른 재료를 아무것도 넣지 못하고 카사바만으로 빵을 만들어 먹었는데, 이후 삶이 좀더 풍족해지면서 우유와 치즈를 추가해 만들게 된 것이라고 한다. 브라질 길거리 어디서든지 쉽게 사 먹을 수 있고 카사바 가루와 치즈가 들어 있어 굽기만 하면 되는 냉동 반죽 형태의 제품도 슈퍼마켓에서 판다.

광활한 국토 면적을 자랑하는 나라답게 음식 문화는 지역별로 상당히

다르다. 페이조아다 같은 전형적인 브라질 요리는 리우데자네이루, 상파울루 등 동남부 대도시에서 많이 먹는다. 유럽 이민자 비중이 높은 남부에서는 와인과 채소, 밀이 식단에서 차지하는 비중이 높다. 아마존이 흐르는 중서부에서는 민물고기와 열대과일이 식재료로 많이 쓰인다.

남미의 토착 동물들

  지금은 남미가 좁은 땅으로 북미와 연결돼 있지만 수천만 년 동안 남미는 남극 외에 어떤 대륙과도 연결돼 있지 않은 섬이었다. 남미에서 독특한 포유류가 진화한 것은 이 때문이다. 300만 년 전 지각변동으로 북미와 남미가 이어지면서 북미에서 온 사나운 육식동물들로 인해 남미의 토착 동물들이 상당수 멸종하고 남은 동물들은 아마존 열대우림이나 파타고니아의 사막지대, 안데스 산맥의 고지대로 밀려났다.

  남미 토착 동물 중에서는 낙타과 포유류가 유명하다. 안데스에 사는 야마는 고지대에서도 90킬로그램의 물건을 지고 하루에 26킬로미터를 걸을 수 있어 원주민들에게 매우 쓸모 있는 가축이었다. 알파카는 털이 부드럽고 따뜻해 옷감을 만드는 데 아직까지도 유용하게 쓰인다. 코뿔소와 비슷하게 생긴 동물 맥, 단단한 등딱지가 있는 포유류 아르마딜로, 주머니쥐와 개미핥기 등도 남미에 산다. 요즘 남미에서 많이 사는 소와 닭, 말은 유럽인들이 식민 지배 시절 데려오고 나서야 정착했다.

닭을 숭배한 사람들

　태양이 뜨기 전 우렁차게 울어 새벽을 알리는 닭은 여러 문화권에서 태양 숭배와 관련되었기에 신성시됐다. 그리스 신화에서 닭은 여섯 신이 신성하게 여기는 동물이었다고 한다. 로마의 점술가들은 닭의 배를 갈라 창자 모양을 살펴보고 전투의 결과를 점쳤다. 고대 페르시아의 조로아스터교는 닭을 빛의 상징으로 여기고 경배했다. 기독교에도 닭이 여러 차례 등장하는데 예수의 제자 베드로는 닭이 울기 전 세 번 예수를 부인하고, 닭 울음소리를 들은 뒤 이를 깨닫자 회개의 울음을 터뜨린다. 그로 인해 기독교에서 닭은 어둠이 물러감을 알리는 존재이자 회개의 상징이 됐다. 유럽에는 교회 첨탑 꼭대기에 십자가 대신 수탉을 걸어두기도 한다.

　우리나라에서도 닭이 영물로 등장하는 설화가 있다. 『삼국사기』에 따르면 신라의 4대 왕 탈해왕이 서라벌 서쪽의 숲속에서 닭 우는 소리를 듣고 신하에게 살펴보게 했더니 금궤가 나뭇가지에 걸려 있고 흰 닭이 그 아래에서 울고 있었다고 한다. 이 궤에서 나온 남자아이가 신라 김씨 왕조의 설화 속 김알지다. 이때부터 이 숲을 계림이라 불렀고, 나라 이름도 계림이라 지었다고 한다. 신라 시대에는 닭을 신성한 동물로 여겼다는 뜻이다. 민간 설화에도 닭은 귀신을 쫓는 동물로 구전된다. 귀신이 닭 피를 무서워한다는 전설이 있는 것도 같은 맥락이다.

3

파라오의
콩

—

2016
09.06-09.11

평일 오전 9시가 채 되지 않은 시간, 이집트 카이로의 타흐리르Tahrir(해방) 광장 주변은 한산했다. 맥도널드와 작은 식료품 가게 하나만 빼고는 아직 은행과 여행사, 패스트푸드점이 문을 열지 않았다. 곳곳에 서 있는 경찰 외엔 오가는 사람도 많지 않았다. 하지만 맥도널드 뒤편 시샤(물담배) 카페와 푸드 트럭이 자리 잡은 허름한 골목은 제법 활기를 띠었다. 푸드 트럭 주변에 모여선 남자들 열댓 명이 희끄무레한 빵을 찢어 무언가에 찍어 먹고 있었다. 걸쭉한 된장 같은 소스를 듬뿍 얹은 빵 조각을 입안에 밀어 넣던 낡은 작업복 차림의 남자는 "일주일에 두세 번은 여기서 아침을 먹는다"고 말했다.

골목에서 멀지 않은 큰길가의 작은 레스토랑 샤브라위. 코란을 낭송하는 소리가 흘러나오는 식당 안에서 슈트를 차려입은 남자 두 명이 서류 뭉치를 앞에 놓고 뭔가 끄적거리고 있다. 맞은편 테이블에 앉아 뜨거운 홍차를 마시는 30대

지중해

레바논

이스라엘

이라크

리비아

● 카이로

사우디아라비아

수단

예맨

차드

아덴 만

중반의 여성은 영어로 된 신문에 시선을 고정하고 있다. 이들 앞에 놓인 것 역시 푸드 트럭에서 본 것과 비슷한 소스와 빵, 절인 야채를 담은 접시다.

독재자를 무너뜨린 '코샤리 혁명'

풀 메다메스Ful medames. 어디를 가나 쉽게 볼 수 있는 이집트 사람들의 아침 식사다. 넓적한 누에콩fava bean(잠두)을 뭉근하게 끓여 죽이나 소스처럼 만든 것이다. 여기에 레몬즙, 오일, 고추소스, 소금, 커민 등으로 취향에 맞춰 양념한 뒤 둥글납작한 빵 아이시를 찍어 먹는다. 초

절임한 야채나 삶은 달걀을 곁들여 먹기도 한다. 시장이나 길거리 푸드 트럭에선 한 접시에 3~5파운드, 우리 돈으로 400~600원 정도면 사 먹을 수 있다. 람세스 힐튼 같은 5성급 호텔의 200파운드(2만5400원)짜리 조식 뷔페에도 풀 메다메스는 빠지지 않는다. 모양과 차림새는 조금씩 달라도 맛은 크게 다르지 않다.

낮 12시, 한국 대사관을 비롯해 외국 공관들이 있는 나일강 서쪽의 도키 대로변에 자리한 체인 레스토랑 '엘타흐리르'. 깔끔한 인테리어로 눈길을 끄는 이곳은 이집트 사람들의 주식 격인 코샤리Koshary 전문 식당이다. 점심을 먹으러 나온 직장인과 이슬람식 스카프인 히잡을 쓴 여성 등 젊은 사람들로 북적이고 있었다.

코샤리는 병아리콩과 렌틸콩, 마카로니, 쌀 따위에 튀긴 양파와 토마토소스 등을 올려 비벼 먹는 이집트식 비빔밥이다. 값은 양에 따라 7~12파운드(900~1520원). 맥도널드나 KFC에서 판매하는 세트 메뉴가 40파운드 안팎임을 감안한다면 서민적이고 대중적인 편이다. 2011년 튀니지에서 시작된 '아랍의 봄' 시민혁명이 이집트로 넘어오면서 수십 년간 유지해온 독재 정권이 무너졌을 때, 이집트 사람들은 그 사건을 '코샤리 혁명'이라고도 불렀다. 코샤리가 이 나라 사람들의 일상에서 차지하고 있는 상징성이 어느 정도인지 짐작할 수 있다.

아랍에미리트 갑부 만수르 알 나흐얀의 부인이 미용에 좋다고 먹는다는 병아리콩, 이효리의 다이어트 비법 렌틸콩, 아연과 섬유질이 풍부해 남성 건강에 효과가 뛰어나다는 누에콩. 콩 하면 대두나 강낭콩, 완두콩 정도를 떠올리던 우리 밥상에 최근 몇 년 새 낯선 이름의 콩들이 올라왔다. 다이어트와 건강에 좋아서 혹은 색다른 풍미와 멋을 즐길 수 있다는 이유에서 인기를 끄는 이 콩들은 지중해 연안이 고향이다.

최신 유행 외식 문화를 쉽게 접할 수 있는 이태원과 강남의 레스토랑에서 이 콩들은 '지중해풍 병아리콩 수프' '렌틸콩 샐러드' 같은 메뉴로 변신해 호기심을 자극하는 고급 식재료로 취급받는다. 한국농수산식품유통공사 채소특작부 김성진 차장은 "유명인들이 먹는다는 소식이 매스미디어를 통해 전파되고 웰빙에 효과가 있는 것으로 알려지면서 소비가 급증하고 있는 대표적인 품목"이라면서 "예전에는 거의 들어오지 않다가 3~4년 전부터 수입되기 시작했다"고 말했다. 몇 년 새 푸디(식도락가)들 사이에서 각광받기 시작한 이 콩들은 이집트에서는 수천 년간 서민들의 일상을 지탱해온 소박한 에너지원이다.

🍵 수천 년 전 파라오도 먹던 콩

도키에 위치한 농업박물관을 찾으면 유서 깊은 콩의 역사와 만날 수 있다. 이곳에는 남부 룩소르와 단다라 등의 고대 유적지에서 나온 병아리콩, 렌틸콩, 누에콩 따위가 전시돼 있다. 기원전 1400년경 룩소르의 무덤에서 출토된 병아리콩은 파라오 시대부터 이미 콩이 식재료로 사용되었음을 말해준다.

박물관에서 5년째 일하고 있는 아스메 아델 사드(32세)는 "고대의 왕과 귀족들에게도 사랑받았던 먹거리가 콩"이라면서 "특히 병아리콩은 피부를 좋게 만들어준다고 해서 상류층이 즐긴 것으로 알려져 있다"고 설명했다. 그는 또 "고대 이집트에서 많이 생산했던 렌틸콩을 오늘날의 레바논 지역에 수출했다거나, 람세스 3세가 누에콩을 나일강의 신에게 바쳤다는 기록도 있다"면서 "콩은 따로 손질할 필요 없이 삶기만 해도 먹을 수 있는 편리한 작물이고, 고기를 먹지 못하는 가난한 사람들에겐 오랫동안 단백질 공급원이 돼왔다"고 말했다.

카이로 중앙역이 있는 람세스 광장에선 쉴 새 없이 울리는 자동차 경적 사이로 코샤리나 팔라펠Falafel을 외치는 노점상의 목소리가 들린다. 팔라펠은 누에콩을 갈아 튀겨낸 일종의 크로켓이다. 질감은 고기와 비슷하면서 고소하고 짭짤한 맛이 좋아 이방인에게도 거부감을 주지 않는다. 카이로 시내나 시장에서 가장 흔하게 발견할 수 있는 길거리 음식이기도 하다. 우리 돈으로 300~400원만 주면 팔라펠 서너 개를 빵에 끼워 넣고 소스를 뿌린 샌드위치로 한 끼를 때울 수 있다. 이

카이로 농업박물관에 고대 이집트 유적지에서 나온 곡물이 전시돼 있다. 콩은 고대의 왕과 귀족들에게도 사랑받았던 먹거리다.

기원전 1400년경 룩소르의 고대 유적지에서 나온 병아리콩.

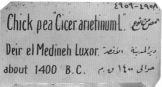

카이로의 맥도널드 매장에서 판매하는 맥 팔라펠.

병아리콩으로 만든 후무스(왼쪽)에 빵을 찍어 먹는다.

집트의 맥도널드 매장에선 '맥 팔라펠'도 판다.

후무스Hummus와 렌틸 쇼르바Shorba도 이집트 식당에서 쉽게 찾을 수 있는 메뉴다. 후무스는 아랍어로 병아리콩을 말한다. 병아리콩을 삶은 뒤 갈아서 올리브유나 참깨소스, 레몬즙으로 양념해 페이스트로 만든 요리도 같은 이름으로 부른다. 쇼르바는 아랍식 수프나 죽을 가리킨다.

카이로 한국문화원에서 한국인들에게 이집트 음식 요리법을 가르치기도 하고 유튜브에서 한국 음식을 가르치는 동영상 때문에 '가다 아줌마'로 알려진 가다 야신(42세)은 "풀 메다메스는 한국으로 치면 쌀밥과 국, 후무스는 김치, 렌틸 쇼르바는 삼계탕이라고 보면 된다"고 했다. 렌틸 쇼르바와 함께 겨울철에 보양 음료로 마시는 후무스 엘 샴hummus el sham은 병아리콩과 토마토소스를 함께 끓여 매콤하게 양념한 것이다. 그는 또 "콩은 라마단을 견딜 수 있게 해주는 에너지원"이라면서 "풀 메다메스는 해 뜨기 전에, 팔라펠은 해가 진 뒤에 주로 먹는다"고 덧붙였다.

오늘날의 시리아와 레바논, 터키에서 이라크 쪽으로 이어지는 중동 지역은 '비옥한 초승달'이라 불린다. 이 지역은 세계에서 최초로 농경이 시작된 문명의 요람이다. 문자와 바퀴와 점성술을 만들어낸 이 문명의 사람들은 콩을 키웠다. 적어도 5000년 전부터 이 지역에서 콩을 경작해온 것으로 추정된다.

🥄 이름은 달라도 콩으로 통한다

지중해 연안 중동 여러 나라의 콩 요리법은 이집트와 크게 다르지 않다. 콩을 워낙 많이 먹으며, 어딜 가나 비슷한 요리를 접할 수 있다. 시리아나 요르단에서는 누에콩 대신 주로 병아리콩으로 팔라펠을 만든다. 튀니지에서는 누에콩이나 병아리콩으로 끓인 아침 식사를 라블라비lablabi라 부르고 모로코에선 렌틸콩이나 병아리콩으로 만든 하리라Harira라는 전통 수프를 즐긴다. 모로코나 레바논처럼 음식 문화가 발달한 곳에선 콩 요리도 좀더 화려하다고 한다. 이집트에서도 모로코나 레바논 식당은 특별한 손님을 대접하거나 기분을 낼 때 찾는 고급 식당으로 인식되고 있다. 시리아 식당은 젊은이들에게 특히 인기가 많다. 구운 소고기나 닭고기와 야채, 소스를 전병에 말아 먹는 샤와르마Shawarma는 시리아에서 유래한 음식이다.

'가다 아줌마'를 따라 카이로에서 가장 큰 아타바 시장으로 향했다. 아타바 전철역에서부터 시작되는 이 시장은 곡물이나 향신료 같은 식품이나 수도꼭지 같은 공산품 등 온갖 물품을 파는 곳이다. 관광객들에게 잘 알려진 칸엘칼릴리 시장과도 연결돼 있다. 곡물 가게에 들어간 그는 두 종류의 병아리콩을 비교하며 "알이 작은 것은 이집트 산이고 좀더 큰 것은 인도에서 수입된 것"이라며 "국산이 훨씬 맛있는데 요즘 시장에서 거의 찾기 힘들다"고 말했다.

'가다 아줌마'로 알려진 가다 야신이
시장의 한 곡물 가게에서 콩에 대해
설명하고 있다.

점포마다 가장 많이 진열된 것은 누에콩이었다. 시장에 오기 전 들렀던 고급 주거 지역인 마디의 대형 마트 카르푸에도 반^{*}조리 상태의 누에콩 통조림이 널찍한 판매대를 차지하고 있었다. 온갖 소스와 향신료, 오일, 통조림, 밀가루 등 다른 식품과 비교해봐도 콩 제품의 종류나 브랜드가 더 많았다. 아무 양념을 하지 않은 플레인부터 야채오일맛, 매운 고추를 가미한 것, 레바논 스타일로 양념한 것, 토마토소스를 넣은 것, 레몬즙을 더한 것 등 맛도 다양한 취향대로 고를 수 있다. 점원 나다는 "집집마다 아침 식사로 먹기 때문에 당연히 누에콩이 가장 많이 팔린다"면서 "손님들은 날콩보다는 아무래도 요리하기 편한 통조림을 선호한다"고 말했다.

이곳 사람들의 삶에서 떼어놓을 수 없는 콩은 올 들어 서민들을 고통스럽게 하는 주범이 됐다. 값이 가파르게 오르고 있기 때문이다. 현재 누에콩의 가격은 1킬로그램에 12파운드(1500원)다. 불과 몇 달 전만 해도 8파운드(1000원)였다. 아타바 시장에서 곡물 가게를 운영하는 칼레드는 "예전에 밀을 비롯한 다른 곡물 값이 오를 때도 누에콩은 크게 오르지 않았는데 올해는 계속 오르고 있다"고 했다. 콩뿐만이 아니다. 쇠고기

가다 아줌마는 자국산 병아리콩이 더 맛있다고 했지만 시장에서 구하기 어려웠다.

아타바 시장의 곡물 가게 점원이 누에콩을 들어 보이고 있다.

도 몇 달 새 1킬로그램에 60파운드에서 80파운드로 뛰었다. 설탕, 밀가루, 쌀 가격도 올랐다. 그는 "국제통화기금이 구제금융을 제공하는 조건으로 보조금 삭감을 요구했다던데 그렇게 되면 물가는 더 올라가지 않겠느냐"며 걱정했다.

시민혁명 뒤에 새 정부가 세워졌지만, 이슬람주의 무슬림형제단이 주도한 그 정부는 1년밖에 버티지 못했다. 2013년 7월 대규모 시위에 이어 군부 쿠데타가 일어났고, 군 장성 출신인 압둘팟타흐 시시가 대통령이 됐다. IS를 추종하는 극단주의자들의 테러는 관광 대국인 이집트의 위상을 무너뜨렸고 경제에 직격탄이 됐다. 이제는 기자의 피라미드 주변조차 썰렁하다. 45년간 피라미드 주변에서 마차를 몰았다는 압둘라(54세)는 "예전엔 100달러(11만1500원)를 불러도 타겠다는 관광객이 줄을 섰는데 지금은 100파운드(1만2600원)에도 손님을 찾기 쉽지 않다"며 한숨을 쉬었다. 공식 환율은 달러당 8.8파운드지만 암시장에서는 15파운드로까지 떨어졌다.

이집트는 9500만 인구의 30퍼센트가 농업에 종사한다. 국내총생산의 14퍼센트를 농업이 차지할 정도로 주요 산업이지만 주식의 하나인 콩은 상당 부분 수입에 의존하고 있다. 현지 상인들은 적게는 국내 소비량의 70퍼센트, 많게는 90퍼센트까지 콩을 수입한다고 말했다. 농업부 산하 농업연구소의 아말 마흐무드 연구원은 "가장 많이 먹는 누에콩은 연간 소비량 45만 톤 중 62퍼센트를 수입한다"면서 "병아리콩이나 렌틸콩의 생산량도 많지 않다"고 답변했다.

🍚 나일 델타에서 콩밭이 사라진다

주목할 만한 것은 2000년대 초반까지만 해도 이집트가 콩을 자급 자족했다는 사실이다. 그렇다면 현재 생산량이 뚝 떨어진 이유는 무엇일까. 카이로에서 북쪽으로 차를 타고 3시간 반 정도 가면 농업 중심지인 마할라쿠브라가 있다. 자급률이 떨어진 이유에 대한 답을 그곳에서 들을 수 있었다.

수백 개의 농산물 수출입·가공 회사가 있는 이곳에서 1999년부터 콩을 전문적으로 취급해온 와디나일El Wadi Nile을 경영하는 무스타파 라드완 사장은 두 가지 이유를 꼽았다. 첫 번째는 콩의 수익성이다. 밀은 1년에 두 차례 수확할 수 있으나 콩은 한 번만 거둘 수 있다. 그는 "영세한 농민들로서는 콩 대신 쌀이나 옥수수, 밀처럼 더 많은 수익을 얻을 수 있는 작물에 관심을 가질 수밖에 없을 것"이라며 "특히 쌀 수출이 돈이 된다는 소문이 나면서 쌀로 갈아타는 농민이 늘고 있다"고 말했다.

두 번째는 값싼 외국 콩이 밀려오면서 콩 가격이 떨어진 것이다. 그는 "캐나다와 호주, 인도 등지에서 콩을 대거 수입하다보니 국내산 콩의 가격 경쟁력이 떨어졌다"고 했다. 최근 몇 년 사이에 전통적인 생산 대국뿐 아니라 우크라이나, 리투아니아, 라트비아 같은 동유럽 국가도 콩 수출을 늘리면서 이집트 시장에서 점유율을 높여가고 있다고 했다. 수입량이 늘어나자 한동안 싼 값에 안정적으로 콩을 먹을 수 있었으나, 파운드 가치가 하락하면서 늘어난 수입량이 부메랑으로 돌아왔다.

멀리 대추야자 나무가 보이는 나일 델타 지역의 채소밭.

카이로에서 마할라쿠브라까지 이어지는 길은 고대 이집트 문명을 낳은 비옥한 곡창지대인 나일 델타(삼각주)를 관통하고 있다. 하지만 이 길을 지나는 동안 콩밭은 전혀 볼 수 없었다. 길가에 늘어선 밭에 심어진 작물은 대부분 옥수수였다. 간간이 쌀과 밀, 포도도 보였다. 마할라쿠브라에서 남서쪽으로 30킬로미터가량 떨어진 도시 탄타 외곽에서 만난 농민들에게 "어디에 가면 콩밭을 볼 수 있느냐"고 물었다. 이들은 손을 내저으며 "여기서 콩밭을 찾기는 힘들 것"이라고 했다. "지금은 대개 옥수수나 쌀농사를 짓고 있다"면서 "남쪽에 있는 미니아에서 콩 농사를 제법 짓고 있지만 보통은 11월에 심어 5월에 수확한다"고 귀띔해줬다.

정부도 콩 수급 문제를 모르는 것은 아니다. 농업부는 2030년까지 콩 경작지를 확대하고 장기적으로 자급률을 80퍼센트로 끌어올리겠다고 했으나 농민이나 시민들 반응은 회의적이다. 마할라쿠브라에서 만난 어느 곡물 유통상은 "최근에는 중국이 누에콩 수입량을 엄청나게 늘리고 있다"면서 "자금력을 가진 중국이 세계의 자원을 빨아들이듯이 식량도 싹쓸이하는 건 아닌지 모르겠다"고 말했다.

아마존 밀림을 먹어치우는 대두

세상에 콩이 모자란다면? 아마도 이집트 사람들은 코샤리와 팔라펠 가격이 올라 엄청난 고통을 겪을 것이다. 이미 그런 일은 벌어졌다.

세계에 '바이오 연료' 열풍이 불었던 2000년대 중후반 이후 콩 값이 올랐다. 덩달아 기름 값도 뛰면서 국제 농산물 가격이 급등했다. 6년 전 튀니지에서 '재스민 혁명'을 촉발했고 이듬해 이집트 호스니 무바라크 정권을 무너뜨린 것도 곡물 값 상승이었다.

한국의 콩 자급률은 10퍼센트도 안 된다. 2013년만 해도 연간 15만 톤 이상이던 대두 생산량은 지난해 10만3500톤으로까지 줄어들었다. 한국이 콩을 가장 많이 수입해오는 나라는 미국이다. 브라질, 아르헨티나, 캐나다, 중국, 인도에서도 수입한다. 이 중 중국과 인도를 제외한 다른 나라에서는 유전자 변형 콩을 생산한다.

콩은 세계적으로 수백 종이 재배된다. 그중 국내에서 재배되는 콩은 10종 정도다. 대두는 메주를 쑤는 데 사용되기 때문에 메주콩 혹은 왕태콩으로 불린다. 검은콩으로 불리는 서리태, 논두렁에 주로 심었던 동부콩, 약용으로 알려진 쥐눈이콩(서목태)을 비롯해 완두콩, 강낭콩, 작두콩 등이 있다.

우리는 쌀밥에 얹은 콩, 된장과 간장의 원료가 되는 콩을 일상에서 주로 접하지만 글로벌 농업에서 콩의 의미는 잡곡 이상이다. 이집트인은 콩이라면 누에콩을 먼저 떠올리지만 한국인에게 콩의 대명사는 대두다. 학계에서는 대두의 원산지를 한반도와 만주 지역으로 보고 있다. 세계 시장에서 대두는 먹거리라기보다는 산업 자원의 개념에 더 가깝다. 유엔 식량농업기구FAO가 발표한 2013년 통계를 보면 세계의 연간 대두 생산량은 2억7800만 톤(대두를 제외한 콩류 생산량은 7700만 톤)인데 그중 70퍼센트 이상이 산업적으로 활용된다.

대두는 주로 가축용 사료로 쓰인다. 전 세계적으로 육류 소비가 급증하면서 지난 50년간 대두 생산량은 두 배 넘게 늘어났다. 소뿐 아니라 가금류 사료에 사용되는 원료도 콩(대두)이다. 옥수수나 밀도 동물용 사료로 많이 쓰이지만 단백질 공급원으로 콩을 대체할 만한 작물은 없다. 국내에 연간 수입되는 콩 120만 톤 중에서도 100만 톤이 사료로 사용된다.

육식이 늘고 가축 사육량이 증가하면서 콩 경작지가 늘었다. 브라질의 아마존에서는 거기에 바이오 연료 붐까지 일면서 콩이 밀림을 잡아먹는 형국이 됐다. '중국인들이 소고기를 많이 먹으면서 아마존에 콩밭이 늘어나는' 상황이 된 것이다. 게다가 가축들이 뿜어내는 탄소는 자동차에서 나오는 배기가스보다 환경에 더 악영향을 미친다. 그러면 기후 변화가 심해지고, 사막화로 경작지가 줄어들며 곡물 수확량이 감소하는 악순환이 이어진다.

유엔 경제사회국DESA이 발표한 '2015 세계 보고서'에 따르면 현재 73억 명인 세계 인구는 2030년에 85억 명, 2050년에 96억 명으로 늘어날 전망이다. 증가하는 인구의 대부분은 아프리카 등 저개발국가에 집중될 것으로 예상된다. 자연히 이 지역에서 늘어나는 인구를 어떻게 먹여 살리느냐는 문제로 귀결될 수밖에 없다. 그 해법을 찾기 위해 다시 콩을 들여다보는 학자가 많다. 식물성 단백질을 개발해 미래의 식량 문제를 해결하려는 것이다.

🌱 콩이 지구와 인류를 살릴까

마이크로소프트의 창업자 빌 게이츠를 비롯해 트위터를 만든 에번 윌리엄스, 구글의 세르게이 브린, 아시아 최고 재벌로 꼽히는 리카싱, 선마이크로시스템즈 출신의 비노드 코슬라 등이 미래 식량 개발에 몰두하고 있는 신생 기업에 잇따라 투자해 화제가 됐다. 비욘드미트Beyond meat, 임파서블푸즈Impossible Foods, 햄프턴크리크Hampton Creek 등은 실리콘밸리 거물들이 통찰력으로 발굴해낸 스타트업 기업이다. 이 회사들은 거의 고기 맛에 가까운 식물성 육류 제품을 속속 내놓고 있다.

2016년은 유엔이 정한 '세계 콩의 해'였다. 식량 자원으로서 콩의 중요성을 강조하면서 환경과 기후 변화에 대한 경각심을 환기하자는 취지가 담겨 있다. 만일 콩으로 만드는 '가짜 고기'가 실제 고기를 대체할 수 있게 된다면 콩은 지구 환경을 살리고 지속 가능한 인류의 미래를 책임질 수 있게 된다.

경작지가 줄어드는 상황에서 환경오염을 최소화하면서 새로운 재배 지역을 개발하려는 과학적 연구도 활발하다. 고려대 생명과학부 이철호 명예교수는 "생명과학 기술을 이용해 가뭄에 잘 견디거나 염분에 강한 종자를 개발하려는 노력이 세계적으로 이뤄지고 있다"면서 "물이 부족한 중앙아시아나 아프리카에서 생산성 높은 콩을 재배하면 식량난을 해결할 수 있을 뿐 아니라 해수면이 올라가 바닷물에 가라앉은 땅을 효과적으로 활용할 수 있다"고 말했다.

하지만 생산성 향상이라는 화두는 여전히 첨예한 GMO 논란과 맞

풀 메다메스와 각종 채소 등으로 차린
이집트식 점심상.

닿아 있다. GMO는 작물의 생산성과 품질을 높여 적은 자원으로 최대한 많은 수확을 올린다는 목적을 내세워 세계 시장에 널리 퍼졌다. 그러나 실제로는 품질이나 생산성의 제고보다는 거대 생명공학 기업들이 내놓는 제초제, 살충제와 짝을 이룬 패키지 판매에 기대어 시장 내 비중을 높여왔다. 환경단체나 보건단체들은 여전히 GMO의 안전성 문제를 제기한다.

인류와 함께해온 콩은 지금 기로에 서 있다. 산업 자원으로서의 매력이 클수록 식량으로서의 지위는 흔들릴 수밖에 없다. 미국 노턴켄터키대 킴벌리 위어 교수는 저서『알수록 정치적인 음식들』에서 "콩으로 만든 바이오 디젤은 옥수수를 원료로 한 바이오 에탄올보다 온실가스를 더 많이 줄일 뿐 아니라 에너지를 93퍼센트나 더 많이 생성한다"
고 했다. 하지만 그것이 오히려 지구와 인간에게 독이 될 수 있다. 그
는 "바이오 에너지 같은 고수익 사업은 어김없이 곡물 공급이 부족해
지게 만들며, 결국 개발도상국의 가난한 사람에게 필요한 기본 먹거리
가격이 오르는 결과를 가져온다"고 지적했다. 고대부터 인류의 남루한
육체에 끊임없이 에너지를 공급해온 콩은 이제 인류의 미래라는 책무
도 떠맡아야 할 처지다.

모카탐

    고대 유적과 관광 자원이 풍부한 이집트 카이로에 숨어 있는 독특한 지역이다. 일명 쓰레기 마을로 불리는 이곳 모카탐Mokattam은 콥트교도들이 모여 사는 곳이다. 이슬람의 박해를 받은 콥트교도들은 이곳에서 카이로 전역의 쓰레기를 모아 분리수거나 재활용을 하며 먹고산다. 콥트교는 이집트를 중심으로 교단이 형성되어온 기독교의 한 분파다. 이집트 사람의 10퍼센트가량이 콥트교도다. 하지만 절대다수를 차지하는 무슬림에 의해 오랫동안 차별받아왔다.

    모카탐 마을에 들어서는 입구에서부터 쓰레기 더미가 널려 있고 악취가 진동한다. 쓰레기를 잔뜩 실은 차들이 다니는 좁은 길 양편에 늘어선 집집마다 온 가족이 쓰레기 분리 작업을 한다. 쓰레기 더미가 쌓여 있는 길을 따라 한참을 올라가면 별천지 같은 광경이 펼쳐진다. 거대한 돌산을 깎아 만든 엄청나게 큰 교회가 나타난다. 콥트교회 가운데 가장 유명한 '동굴교회'로, 중동에서 가장 큰 기독교 교회로 알려져 있다.

코리포차

　카이로 타흐리르 광장 근처에 있는 한식 포장마차다. 주 이집트 한국 대사관에서 일했던 한국인 셰프 양중희 씨가 지난해 문을 열었다. 주요 메뉴는 한국식 컵밥과 김밥, 떡볶이, 불고기 등이다. 현지인들의 입맛에 맞춰 개발한 컵밥, 특히 불고기 컵밥은 젊은이들에게 상당히 인기 있을 뿐 아니라 이집트의 국영 방송에도 소개됐다. 한국 드라마와 케이팝을 즐기는 현지 한류 팬들에게 코리포차는 일종의 성지와 같은 곳이다.

클레오파트라가 사랑한 물루키야

이집트 사람들이 집에서 자주 해 먹는 요리로 물루키야Mulukhiyah가 있다. 당아욱이라고 불리는 물루키야는 고대 이집트 때부터 많이 재배됐다. 언뜻 보면 시금치 잎과도 비슷하다. 채소 이름도 물루키야이고 수프처럼 끓인 요리 이름도 물루키야다. 물루키야와 다른 야채를 섞어 끓이기도 하고 고기와 함께 끓이기도 한다. 완성된 물루키야를 한 숟갈 떠먹어보면 점성이 강해 식감은 마치 매생이와 알로에를 섞어놓은 듯하다.

물루키야는 고대부터 왕가에서 즐겼다고 한다. 칼슘, 미네랄 등 영양소와 식이섬유가 풍부하다. 특히 클레오파트라가 사랑했다고 해서 클레오파트라 허브라고도 알려져 있다. 클레오파트라는 물루키야를 즐겨 먹을 뿐 아니라 잎을 으깨서 피부에 바르고 즙을 짠 물에 목욕을 하기도 했다고 전해진다.

물루키야.

4

빈라덴의
참깨

|

2016
08.31-09.05

끼익. 잘 달리던 차는 또다시 멈춰 섰
다. 행정 구역을 지나갈 때마다 나타나
는 경찰의 검문. 아프리카 동북부 수단
에서 외국인이 수도 하르툼 밖을 돌아다
니려면 관청의 허가를 받아야 한다. 미
리 받아둔 허가증을 보여주기를 여섯
차례. 하르툼을 떠난 지 4시간 동안 검
문소에서 마주친 건 경찰만이 아니었다.
차들이 줄지어 선 사이로 상인들이 재
빨리 차량을 에워싼다. 동네 총각들이
물이나 망고, 구아버주스 따위의 음료와
군것질거리를 판다.

그런데 이번에는 좀 달랐다. 차로 다가
온 사람이 아가씨들이었기 때문만은 아
니다. 차창을 내리자 이마에 이고 있던
쟁반을 내려놓으며 차 안으로 과자를 들
이민다. 참깨 과자인 '심시미아simsimia'였
다. 심심simsim은 아랍어로 참깨, 영어 세
서미sesame와 어원이 같다. 참깨와 물엿
으로 만든 심시미아는 깨강정과 비슷한
질감에, 한입 베어 물자 고소하면서도
달짝지근한 맛이 올라왔다. 참깨의 고장

참깨꽃 밑에 달려 있는 꼬투리를 따 열어보니 깨알이 120개가량 촘촘히 들어 있다.

이라는 남동부 가다리프주에 들어섰음을 실감하는 순간이었다.

수단은 참깨 대국이다. 유엔 식량농업기구 자료를 보면 2014년 수단의 참깨 생산량은 72만1000톤으로 인도(81만1000톤)에 이어 세계 2위다. 한국에서는 에티오피아나 부르키나파소 등 다른 아프리카 참깨의 저가 공세에 밀려 지난해 수입국 순위가 6위로 밀려났지만 10여 년 전에는 1위였다. 수단 산 참깨가 쏟아져 들어오던 2000년대 초반에는 원산지를 중국으로 속여 팔다 걸린 업자에 관한 뉴스가 심심찮게 들려왔다. "중국산 농산물도 가짜가 있나"라는 얘기가 나왔으나 지금은 중국과는 비교가 되지 않을 정도로 멀리 떨어진 아프리카에서, 중국산보다 더 많은 참깨가 쏟아져 들어오고 있다. 우리 밥상에 오르는 참깨를 생산하는 사람들, 그들의 삶을 들여다보러 가다리프에 갔다.

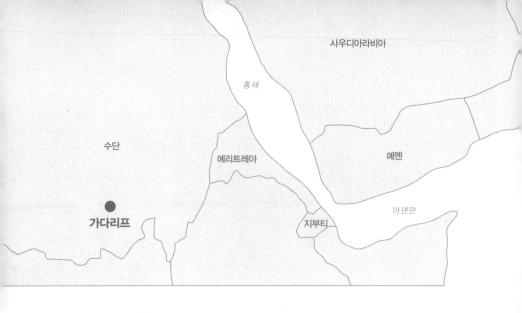

사우디아라비아

홍해

수단

에리트레아

예멘

아덴만

가다리프

지부티

🌱 빈라덴과 참깨 산업

가다리프에 들어서고도 한 시간을 더 달려 국영 기업 코펜의 참깨 가공 공장에 도착했다. 5만 제곱미터, 축구장 예닐곱 개는 들어갈 크기의 부지에 건물이 네 채 들어서 있다. 공장을 방문한 9월 1일은 참깨가 한창 자라는 시기였다. 10월 수확철을 앞둔 공장 안에서는 지역 주민 100여 명이 구슬땀을 흘리고 있었다.

대농장과 농가에서 거둬들여 말린 참깨에서 돌을 골라내고 껍질을 벗기는 도정 공정부터 둘러봤다. 흙먼지와 껍질로 뿌연 공장 안은 쉴 새 없이 돌아가는 기계 소리로 가득했다. 트럭들은 누런 참깨 가마니를 분주히 실어 날랐다. 10대 후반부터 30대까지의 키가 껑충한 야윈 청년들이 3인 1조로 가마니를 옮긴다. 두 사람이 들어 올려주면 한 사람이 어깨에 걸머지고 20미터 떨어진 설비 앞으로 가져다놓는다.

가다리프주 코펜 참깨 가공 공장의 청년 노동자들이 잠시 쉬는 시간에 이야기를 나누며 웃고 있다.

　90킬로그램들이 가마니를 짊어보겠노라고 나섰다. 앉은 자세에서 힘을 주며 일어서는 순간 종아리 근육이 뭉쳐왔다. 양옆에서 두 사람이 도와주지 않으면 일어서기도 힘들었다. 겨우 스무 걸음 남짓 걸어간 뒤 가마니를 내던졌다. 사진을 찍어주겠다며 카메라를 들고 있던 나지 하산(52세) 기술부장 주위에는 어느새 일하던 청년 예닐곱이 모여들었다. 지루한 노동 속에서 신기한 구경거리라도 본다는 듯 낄낄거리며 즐거워했다.

　기계 앞으로 옮겨진 누런 가마니는 이제 2인 1조 팀이 담당한다. 한 사람이 호미로 가마니를 찍어 구멍을 내면 다른 사람은 칼로 쭉 찢는다. 참깨 낟알이 기계 속으로 쏟아진다. 외부의 거대한 환풍기와 연결된 집진 설비가 돌아가면서 가벼운 깨알과 먼지는 위로, 돌가루 같은 무거운 이물질은 아래로 분리된다. 위에 떠 있던 깨알은 또다시 아래위로 오르락내리락하며 껍질과 흙, 먼지 등을 분리하는 과정을 거친

다. 뽀얀 참깨는 이제 깨끗한 흰 포대에 50킬로그램 단위로 담긴다. 이 날 포장된 뽀얀 참깨는 레바논으로 간다고 했다. 수단에서 수출되는 참깨는 모두 홍해에 접한 항구도시 포트수단을 거쳐 가까이는 중동과 유럽으로, 멀리는 중국과 한국에까지 나간다.

참깨는 수단 산이고 노동자들도 수단인이지만 기계 설비는 모두 중 국산이었다. 무게를 재는 장비나 집진 시설에는 융청永成. YONG CHENG이 라는 제조 업체 이름이 쓰여 있었다. 중국은 수단의 최대 수입국이자 수출국이다. 2014년 수단의 총 수입액 92억 달러 가운데 중국이 18억 5000만 달러를 차지했고, 총 수출액 43억 달러 가운데 13억 달러를 차지한 나라도 중국이었다.

중국의 독주는 수단이 현재 미국의 경제·금융 제재를 받기 때문이 기도 하다. 미국의 제재는 1990년대 오사마 빈라덴 시절로 거슬러 올 라간다. 1994년 사우디아라비아에서 쫓겨난 빈라덴은 수단에 은거하

위_코펜 참깨 공장 노동자들이 주변 농장에서 실어온 참깨 가마니를 내리고 있다.

아래_참깨 낟알과 먼지 등의 이물질을 분리하는 과정.

면서 건설 회사와 무역 회사를 운영했다. 아라비아고무, 참깨 등을 수출하는 사업을 사실상 독점했다고 당시 미국 국무부는 파악했다. 『새로운 전쟁』의 저자 사이먼 리브는 "콜라 한 캔을 사 먹을 때마다 세계인들이 오사마 빈라덴에게 돈을 보태주는 셈"이라고 했다. 음료 캔 내부에 바르는 수단 산 아라비아고무를 빈라덴이 수출했다는 것이다. 세계화 시대에 어느 하나 외따로 존재하는 일은 없다는 걸 극단적으로 보여주는 사례다. 빈라덴이 자금을 댄 참깨밭의 깨와 기름도 사람들이 먹었을 것이다.

🥣 참깨 평야의 지평선

공장 옆 건물은 참깨를 시판용으로 소포장하는 곳이다. 여성 8명이 4인 1조로 185그램짜리 참깨 한 통씩을 만들고 있다. 맨 앞 사람이 포대에서 깨를 꺼내 통에 담으면 다음 사람은 무게를 재서 더하거나 덜어낸다. 뚜껑을 씌우고, 라벨을 붙이는 일련의 과정을 한 사람씩 나눠서 맡고 있다. 한 통 값은 7파운드, 1000원 남짓이다. 볶지 않은 참깨인데도 고소한 향이 강했다. 그 옆 건물에서는 중동 전역으로 팔려나가는 타히니Tahini와 할바Halva를 만든다. 타히니는 빵 따위에 발라먹는 잼처럼 생겼고, 할바는 달콤한 과자 비슷했다. 아랍어로 '자이트 심심zayt simsim'이라고 부르는 참기름은 참깨를 볶아서 압착하는 대신 실온에서 그대로 짜낸다. 고소한 맛은 덜하지만 빛깔이 맑고 깔끔하다.

하산 부장은 "이 공장에서 1년에 10만 톤까지 생산할 수 있고, 평균 생산량은 5~6만 톤 정도"라고 했다. 2015년 한국에서 생산된 참깨 총량이 1만1600톤인데 그 다섯 배쯤이 이 공장 한 곳에서 처리된다는 얘기다. 그는 "수단에서도 가다리프 참깨는 특별히 좋은 것으로 쳐준다"며 "3년 전까지는 한국으로도 꽤 많이 보냈는데 지금은 중국이나 중동으로 대부분을 보낸다"고 설명했다. 참깨가 자랄 때는 비가 충분히 오다가 수확철에는 건조해야 하는데 가다리프가 딱 그런 곳이다. 그래서 가다리프의 하얀 참깨는 주로 수출용, 다른 지역의 붉은 참깨는 국내 소비용이나 기름을 짜는 용도로 주로 쓰인다고 했다.

다음 날 참깨 농장을 찾았다. 전날까지는 그래도 포장도로를 달렸지만 이날부터는 본격적인 오프로드였다. 사륜구동인 도요타 픽업트럭을 타고서 한 시간여를 달렸다. 한 달 전 홍수의 흔적이 고스란히 남아 있어 길 곳곳에는 물웅덩이가 패여 차바퀴가 헛돌곤 했다. 냇가의 다리가 끊겨 코앞의 농장을 두고 빙 둘러 가기도 했다. "이게 진짜 아

대평원에 드넓게 펼쳐진 참깨 농장.

프리카 체험"이라며 반쯤 놀리던 농장 주인 모타심 무함마드(56세)는 갑자기 나타난 대평원 한복판에 차를 세웠다.

"여기가 참깨밭 가운데쯤 될 거요."

내려서 본 참깨는 이제 막 하얀 꽃이 피기 시작했다. 키는 50~70센티미터. 사람 키만큼 자라면 다 자란 것이라 하니 아직 1미터는 더 커야 한다. 도무지 어디가 끝인지 모를 농장 풍경이 압도적으로 다가왔다. 드넓은 참깨밭이 지평선을 이루고 있다. 수십 킬로미터 밖의 야트막한 언덕과 송전탑이 없었다면 거리와 방향 감각을 잃기 십상이었다. 일하는 사람도 거의 눈에 띄지 않는 '초록빛 황량함'. 5~6월에 파종하면 그때부터 한두 달은 잡초를 뽑아야 하기 때문에 일하는 이들이 몰린다.

잡풀에 약한 참깨를 키울 때 한국에서는 밭에 검은 비닐을 씌우는 멀칭mulching을 하지만 수단에서는 오로지 인력에 의존한다. 10~12월 수확철이면 다시 농민들이 몰린다. 이탈리아 산 콤바인으로 참깨 줄기

참깨밭에서 능숙한 솜씨로 잡초를 뽑
고 있다.

를 베어내고 나면, 잘라놓은 줄기를 몇 가닥씩 묶어 말리고 깨알을 털어내는 일은 모두 사람의 몫이다. 하지만 그때까지 참깨 농사는 기다림의 연속이다.

🥣 기후 변화 걱정은 농민의 몫

참깨를 수확할 때까지 필요한 적산온도積算溫度는 2700도다. 적산온도는 일평균 기온을 생육일수에 곱한 개념이다. 그만큼 더운 나라에서 잘 자라는 작물이다. 한국은 날씨 변화가 심하고 수확철인 8월 말에서 9월 초 태풍이 잦다. 참깨 재배의 북방한계선은 북위 40도. 그래서 예부터 한국에서 귀한 농작물로 대접을 받은 것이 참깨와 참기름이었다. 비싼 만큼 '가짜' 논란이 많은 식품이기도 하다.

모타심은 "지난해에는 비가 오지 않아 속을 많이 태웠다"고 했다. 예년에 비해 부쩍 잦아진 가뭄은 가다리프 사람들의 고민거리다. 기후 변화를 곡물과 사람들이 온전히 겪어내고 있는 것이다.

"이 큰 농장을 운영하려고 지난해에 은행 빚을 내서 일꾼들을 부렸는데, 다행히 올해 농사가 잘 되어서 살았지. 은행에서 빌린 돈을 못 갚아 감옥살이를 한 사람도 있어."

빚을 못 갚아 범죄자가 된 농민들이 늘면서 불만이 쌓이며 시위도 자주 일어났다고 했다.

2011년 유전 지대인 남수단이 분리 독립한 이후 수단은 국가 수입이 크게 줄었다. 남수단의 원유 수출분 일부를 떼어 받고 있지만 저유가 때문에 타격이 크다. 미국은 오마르 하산 아메드 알바시르 대통령이 이끄는 수단 정부가 아프리카계 주민을 탄압한다며 경제 제재를 계속하고 있다. 그래서 수단 정부는 농업에 사활을 걸었다. 2015년부터 경제개혁 5개년 프로그램을 시행하면서 농업 분야 성장률을 연 6.8퍼센트로 올려 잡고 예산의 13퍼센트를 배정했다. 기계화 비율도 높이려 하고 있지만 기후 변화 앞에서는 속수무책이다. 2015년 미국 인디애나 주 노트르담 대학이 180개국의 기후 변화 대비 정도를 순위로 매겨보니 수단은 177위로 뒤에서 네 번째였다. 그동안 온실가스를 배출해온 주범은 선진국이지만 기후 변화의 직격탄은 개발도상국이 맞는다.

가다리프에도 가을이 왔다지만 한낮에는 수은주가 40도씨 가까이 올라갔다. 따가운 햇살을 피하려고 드넓은 농장 한가운데 위치한 움막 집을 찾았다. 노동자 기숙사이자 일종의 휴게소다. 플라스틱 끈을 철봉에 엮어 만든 의자 겸 침대에 걸터앉아 점심 끼니로 아침에 가다리프 시장에서 사온 빵을 뜯었다. 움막 같은 집이 여덟 채 있는데 김매기 철에는 넓은 흙바닥에 천 한 장씩 깔고 한꺼번에 200명 넘게 잔다고 했다.

오늘은 농장을 둘러보러 간 사람들이 돌아오면 10명이 자게 된다. 트랙터 운전이 전문이라는 후세인 지브릴(30세)은 지금처럼 한산한 계절에는 이 숙소 겸 휴게소를 관리하는 일을 한다. 참깨는 그에게 삶이고 꿈이다. 모타심의 중매로 만난 여성과 12월에 결혼할 예정이라는 그는 자기 이름을 내건 농장을 갖는 게 꿈이다. "돈은 손에 쥔 순간부터 사라지지만, 땅은 미래를 보장하는 약속"이라는 것이다. 땅 좁은 한국이나 수단에서나 땅에 대한 농민의 생각은 비슷했다.

이날은 무슬림의 휴일인 금요일이었다. 오후 2시 예배를 보러 나서는 이들을 따라 모스크가 있는 알마트나 마을로 향했다. 한 농장에서는 이제야 김매기를 하고 있었다. 압델라 아라페(56세)는 멀찌감치 떨어져 참깨밭을 점검하고, 12~18세 자녀 네 명이 일을 하고 있었다. 타이파(12세)는 호미와 칼로 잡초를 능숙하게 끊어냈다. 목장갑을 끼고 도와주려 나섰지만 되레 "너무 느리다"는 핀잔만 들었다. 누나 셋은 구부렸던 허리를 펴고 깔깔 웃었다.

압델라에게는 자식이 12명이다. 본인도 멋쩍은지 웃으면서 "막내는 생후 7개월"이라고 했다. 30년째 참깨를 키우며 밭을 조금씩 늘려왔다는 그는 해마다 수확량에 울고 웃는다. 하지만 시장에서 팔리는 참깨를 보면 기쁘다고 했다. 나이가 들면서 힘이 빠져 예전만큼 일은 못 하지만 자식들 덕에 일손 걱정은 하지 않는다. 반대로 참깨가 없었다면, 가족을 그렇게 늘리지도 못했을 것이다.

✿ '멍청이 거리'의 참깨 시장

알마트나는 180여 가구가 사는 작은 마을이다. 포장된 길도 없고 전기도, 수도도 들어오지 않는다. 그래서 오히려 자족 기능이 발달했다. 집들은 모두 참깨 농장의 움막집 비슷했다. 시멘트로 지어 올린 건물은 모스크뿐이었다. 마을 어귀에는 커피 등을 파는 찻집과 푸줏간, 이발소가 있다. 우물은 따로 없었지만 마을 곳곳에 200리터쯤 되는 드럼통 2개가 먹는 물과 씻는 물로 나뉘어 있다. 수숫대와 잔가지를 님나무 둥치에 엮어 만든 움막 안은 시원했다. 어른들은 대부분 모스크에 가고, 아이들은 뙤약볕 속에서 맨발로 뛰놀고 있었다.

해가 지고 까무룩 잠들었나 싶었는데 쏟아지는 빗소리에 잠이 달아났다. 퍼붓는 비는 멈출 줄 몰랐다. 아침이 되자 비는 부슬비로 바뀌었고 오전 11시쯤 되니 언제 그랬느냐는 듯 날이 갰다. 읍내 시장을 찾아나섰다. 진창길은 행인과 당나귀 수레, 오토바이를 개조한 툭툭 택시, 자전거가 뒤엉켜 혼잡했다.

이 길의 별칭은 '백만 멍청이의 거리'라는 뜻의 '샤레아 알 밀룬 가페'였다. 무단횡단은 예사이고, 경적에도 다들 아랑곳하지 않는다. 당나귀가 지나가면 자동차가 비켜야 한다. 차가 다니지 않는 동네에서 온 사람들이 멋대로 길을 건너다닌다고 해서 '멍청이 거리'로 불린다고 했다. 아마 그런 별명을 지은 사람은 분명 도시 사람이었을 것이다. 하지만 가다리프에서는 때로는 당나귀가 차보다 더 빠르고, 좁은 골목에서는 사람이 가장 빠르다.

시장 안에서 참깨를 비롯해 온갖 씨앗과 곡물을 파는 압둘라 알하디(18세)를 만났다. 그의 고향은 차로 2시간쯤 떨어진 백나일강이 흐르는 코스티다. 아버지가 2007년 문을 연 가게를 4년 전부터 형 알파즐과 함께 맡고 있다.

"여기는 날씨가 좋아서 농작물이 잘 돼요. 그래서 이렇게 큰 시장도

가다리프 시장에서 형과 함께 곡물상을 하는 압둘라 알하디
가 판매용 참깨를 어루만지고 있다.

마을과 시장에서 흔히 볼 수 있는 당나귀. 가
다리프에서는 때론 차보다 당나귀가 더 빠르다.

'멍청이 거리'라는 별명은 아마 도시 사람이
지었을 것이다.

있고, 기회가 많은 곳이라고 생각해요. 돈을 벌 기회요. 저는 큰 농장을 갖거나 아니면 아주 큰 도매상을 하는 게 꿈입니다."

앳된 얼굴의 청년에게 포르투갈 축구 선수 크리스티아누 호날두를 닮았다고 말해주니 "(소속이) 레알 마드리드죠"라며 좋아한다. 장부로 쓰는 공책에는 2014년 브라질 월드컵 엠블럼이 그려져 있었다. 매일 매출을 적어 한 달 전, 1년 전과 비교해본다고 했다. 분유통 크기만 한 3킬로그램짜리 통의 참깨 가격은 40파운드(약 6000원). 참깨를 사니 껍질 벗긴 땅콩을 두 움큼 쥐어준다.

쇠붙이를 불에 달궈 도끼와 낫 따위를 만드는 대장간을 지나고 골목을 두 번 돌아 방앗간에 들렀다. 자이트 심심(참기름) 하나만 짜낸다는 가게는 7제곱미터 크기였다. 압착 기계에는 기름때가 묻어 있다. 방앗간 주인이 "우리는 참기름을 촘촘한 체에 걸러내 깨끗하다"고 했다. 2리터짜리 통에 담긴 참기름은 55파운드(8250원). 가게 구석에는 소 사료로 파는 깻묵 포대 20여 개가 수북이 쌓여 있다. 깻묵은 참기름을 짜내고 남은 찌꺼기이지만 단백질과 칼슘, 인이 풍부한 고급 사료다. 통깨든 기름이든 찌꺼기든, 참깨는 버릴 게 하나도 없다.

🍯 늙은 낙타가 갓 짜낸 참기름

수단에서 참기름을 짜는 전통적인 방식은 '낙타 방아'를 이용하는 것이다. 소가 끄는 연자방아와 원리는 같다. 절구통에 가득 담긴 참깨를 마호가니 나무가 나사처럼 뱅글뱅글 돌아가며 아래로 짓눌러 기름을 짜낸다. 수단 사람들은 공장에서 나온 참기름보다 낙타가 짜낸 참기름을 더 선호하고, 값도 더 쳐준다. 500밀리리터 한 통에 20파운드이니 기계식 참기름보다 30~50퍼센트 더 비싸다. 기계식 착유에 비해 뽑아내는 기름의 양은 3분의 2 정도로 적지만 그만큼 불순물이 적어 텁텁한 맛이 덜하고 깔끔했다.

하르툼 시내에서 한 시간 정도 떨어진 도로변에서 광목천으로 낙타 눈을 가리고 있던 후세인 오마르(27세)는 "낙타는 다른 동물들처럼 쉽게 지치지 않는다. 물을 안 줘도 하루 종일 방아를 돌리다가 자다가를 되풀이한다"고 말했다. 느리지만 일정한 속도로 걷는 것도 기름의 품질을 유지하는 데 도움이 된다고 했다. 하지만 낙타는 100만 원 정도 줘야 살 수 있는 비싼 동물이어서, 낙타 방아는 점점 사라지고 있다.

중동 부자 나라에 살아 있는 동물을 수출하는 것이 수단의 주요 수입원의 하나이고, 그중에서도 특히 낙타는 귀한 품목이다. 경주용이나 관광용으로 젊고 힘 있는 낙타는 사우디아라비아나 오만 같은 곳에 팔려간다. 수단에서 방아를 돌리는 낙타는 주로 노쇠한 놈들이다. 낙타 방앗간에서 일한 지 6년째라는 후세인은 20대 총각임에도 40~50대로 보였다. 따가운 햇살 아래 종일 늙은 낙타를 채찍질하고 기름을 걸러내는 새 자기도 모르게 주름이 깊이 패었다.

가다리프 시장 안 커피 집에는 사촌지간인 두 소녀가 있다. 커피가루를 물에 타 끓이는 일은 후다 아담(14세)이, 설거지는 라샤 카마스

눈을 가린 낙타가 연자방아와 비슷한 원리의
방아를 돌리며 전통 방식으로 참깨에서 기
름을 짜내고 있다.

수단 가다리프 시장 안에서 커피와 차를 파는 후다 아담(오른쪽)과 라샤 카마스. 둘은 사촌 사이다.

(13세)가 한다. 후다는 참깨에 관심이 많다. 자기 집 텃밭에서도 키우고 있다면서 "지겹게 커피를 타기보다 얼른 수확철이 돼서 밭에 나가고 싶다"고 했다. 일은 더 힘들지만 "참깨 일은 아버지가 돈을 주기 때문에 더 좋다"고 한다. "새 블라우스도 사고 싶고 아플 때 병원에도 가려면 돈이 있어야 한다"는 것이다.

대부분의 공산품을 수입에 의존하는 경제 구조와 비싼 관세로 인해 물가가 계속 오르는 곳이 수단이다. 후다에게 미래의 꿈을 물었다. 배시시 웃음을 짓던 소녀는 "결혼해서 아이를 많이 낳는 것"이라고 했다. 결혼 상대로는 "어떤 사람이라도 괜찮다"면서 "보통 열다섯 살이면 결혼을 하는데 나도 이제 때가 됐다"고 했다. 왜 소녀는 빨리 엄마가 되려는 걸까. "사람이 재산이니까. 자식이 많으면 많을수록 나중에 나를 도와줄 수 있으니까."

미 중앙정보국 월드팩트북에 따르면 수단의 인구 구성은 극단적인 피라미드 형태다. 전체 인구는 3610만 명인데 이 가운데 0~14세가 40.2퍼센트인 반면 55~64세는 4.0퍼센트, 65세 이상은 3.3퍼센트에 불과하다. 분명 반세기 전 한국에서도 거쳐온 과정이다. 시장에서는 열 살 남짓한 소년들이 손수레를 끌었다. 짐꾼 노릇을 하는 이 아이들은 어느 집 몇째 아들일까. 개발된 나라에서는 국가와 사회가 맡고 있는 복지의 영역을 모두 스스로 떠안아야 하는 아이들에게 삶의 무게는 무거워 보였다.

깨 한 알에 담긴 삶의 무게

머리에 광주리를 지고 길가를 따라 걷던 여성 네 명이 차에 태워달라고 부탁을 했다. 올라탄 여성들은 1950년대에 나온 '심심 가다리프 Simsim Gadarif'라는 노래를 들려준다. 가난한 총각과의 결혼에 반대하는 어머니 때문에 애타는 아가씨의 사랑 노래라고 한다.

그들과 함께 찾아간 마을은 알타다몬. 가다리프 시장과 5킬로미터 거리, 역시 전기도 수도도 들어오지 않는 마을이다. 참깨를 키우는 집에는 다섯 가족이 살았다. 파트마 아흐마드(25세)는 네 살배기 딸 말

참깨 한 알에 담긴 이들의 삶은 결코 가볍지 않았다.

라스 라마단을 데리고 나왔다. 남편 라마단 주마(29세)는 멀리 밭일을 나갔다고 했다. 한 울타리 안에 남자 어른들이 지내는 곳과 여성들의 공간, 곡식과 농기구 등 잡동사니를 보관하는 창고가 모여 있다.

울타리 밑 텃밭에 참깨 꽃이 활짝 피었다. 2미터까지 자란 놈도 있었다. 꽃 아래 맺힌 꼬투리를 열어보니 깨알이 얼추 120개가량 말 그대로 '깨알 같이' 들어 있었다. 『천일야화』의 「알리바바와 40인의 도둑들」에서 동굴을 열 때 등장하는 '열려라 참깨'라는 암호가 참깨 꼬투리 터지는 모양에서 나왔다는 일설이 과히 틀리지 않아 보였다.

파트마는 옆 마을에서 2007년 시집올 때 아버지가 주신 참깨 씨앗을 가져와 심었다. 집에서 키운 참깨에서 짠 기름은 만병통치약이다. 체했을 때 한 숟가락 먹고, 두통이 심하면 머리에 바르기도 한다. 농한기에 이발사로 일하는 남편은 생채기가 난 손님에게도 참기름을 발라준다. 더운 날씨에 담요를 덮고 누워 있는 시동생 아흐마드(25세)는 아무래도 말라리아에 걸린 것 같다고 했다. 파트마는 시동생을 데리고 병원에 가기 전, 부엌 서랍에서 종이 뭉치가 들어 있는 봉투를 꺼내왔다. 일가친척과 이웃들의 처방전이 들어 있는 봉투였다.

말라리아는 암컷 모기가 옮기는 말라리아 원충에 의해 발병한다. 말라리아로 인한 사망자 분포도가 그려진 세계 지도를 보면 호주를 제외한 남반구 국가들 그리고 아프리카가 주된 피해 지역이다. 1년에 몇 달 동안 대농장 일을 하러 가느라 일종의 이주 노동자가 된 남편과 질병에 시달리는 시동생은 파트마 가정만의 걱정거리가 아니다. 농업의 산업화 속에 소농들은 몰락하고 있다. 기후 변화와 더불어 질병도 그들을 덮친다.

『로컬 푸드』의 저자 브라이언 핼웨일은 "선 세계 농업의 생물 다양성은 기후 변화, 해충 창궐 등 먹거리 안정성을 위협하는 요인을 막아주는 보험 역할을 하는데, 이 생물 다양성을 지키는 일은 소농들에게 대부분 의존하고 있다"고 했다. 몇 세대에 걸쳐 자연 환경에 맞춘 농법을 만들어 계승해온 농민들이 밀려나면 극소수의 상업 재배종이 땅을 점령하면서 생태계가 교란된다는 것이다. 참깨 한 알에 담긴 이들의 삶은 결코 가볍지 않았다. 참깨가 올라오는 우리의 밥상도 그만큼 무겁다.

참기름과 향미유

고깃집에서 나오는 기름장이나 김밥집에서 김밥에 발라주는 기름.

이처럼 우리가 대중 음식점에서 흔히 접하는, 고소한 맛이 나는 기름은 대부분 참기름이 아니다.

법령상 식품 유형이 '향미유'인 이 기름들에는 '참기름'이란 이름을 쓸 수 없게 돼 있다. 그래서 이런 제품에는 참맛기름, 참향기름, 참진한기름 등과 같이 참기름을 떠올리게 하는 이름이 붙어 팔린다. 이 같은 기름은 참깨 추출물 일부를 옥수수기름(옥배유)이나 콩기름(대두유) 따위와 섞어 제조하며 인공 참깨향을 첨가하기도 한다.

저가 참깨에서 기름을 짜고 남은 깻묵은 대체로 가축 사료나 비료용으로 쓰인다. 그런데 이 깻묵에 공업용 헥산을 섞어 뽑아낸 기름 성분으로 향미유를 만들어 팔다 수사 기관에 붙잡히는 악덕 제조업자들도 심심찮게 나타난다. 벤젠이나 납, 카드뮴 등 독성이 강한 물질이 포함돼 있어 식품에는 사용이 금지돼 있는 공업용 헥산은 주로 석유화학 제품 제조나 공업용 세척제로 이용된다.

열려라 참깨

열려라 참깨(한국어)

Open, sesame(영어)

Sesame, ouvre-toi(프랑스어)

iftah ya simsim(아랍어)

開け胡麻(일본어)

『아라비안나이트』로도 알려진 『천일야화』 속 이야기 「알리바바와 40인의 도둑들」에서 나오는 주문은 세계 어디서나 똑같다.

도둑들은 곳곳에서 훔쳐온 갖가지 금은보화를 동굴 속에 숨겨뒀다. 가난하지만 착한 알리바바는 우연히 도둑들이 '열려라 참깨'라고 외치면 동굴의 문이 열리는 것을 보고는 그대로 따라해 부자가 된다. 알리바바의 형 카심은 부자였지만 욕심이 많았다. 그는 동생을 닦달해 알아낸 주문으로 동굴에 들어가긴 했지만 문을 여는 주문 가운데 '참깨'라는 단어를 까먹는 바람에 도둑들에게 발각돼 결국 죽임을 당한다.

전 세계 어린이들이 한번쯤은 들어본 이야기다. 그 속에 나오는 주문 '열려라 참깨'는 더 유명하다. 그런데 왜 하필이면 '참깨'였을까. 그 유래에 대해서는 몇 가지 설이 있다.

먼저 참깨 꼬투리가 툭 터지는 모양을 보고 사람들이 이야기에 붙였다는 설이다. 참깨가 익어 꼬투리가 터지면 마치 동굴 속에 보물이 가득 차 있는 것처럼 귀한 깨알이 가득 담겨 있기 때문이라는 설명이지만 뚜렷한 근거는 없다.

중동 일대에서 참깨에 주술적 의미를 부여한 전통 때문이라는 설도 있다. 무더운 날씨에도 쉽게 상하지 않는 참깨의 특성 때문이라지만 어디까지나 추정에 가깝다.

히브리어로 'sem'은 이름, 'samaim'은 천국·하늘이란 뜻인데, 기도나 마법에서 자주 쓰였던 '하늘의 이름' 즉 'sem-samaim'이란 말이 변형돼 아랍어로 참깨를 뜻하는 'simsim(심심)'과 같이 들렸기 때문에 그렇게 된 것이란 가설도 있다.

문헌 속에 최초로 '열려라 참깨'가 등장한 것은 프랑스인 앙투안 갈랑(1646~1715)이 18세기 초 펴낸 『천일야화Les Mille et une nuits』에서였다. '알리바바와 40인의 도둑들' 이야기는 아랍어나 페르시아어 원본이 없다. 이 책에서 프랑스어 "Sesame, ouvre-toi"가 처음 등장하고 이후 각국 언어로 번역돼 소개됐다. 갈랑은 시리아 알레포 사람에게서 구술로 들은 이야기라고 하니 정확한 어원을 따지기는 어렵다.

미국의 아동극 「세서미 스트리트」의 이름도 '열려라 참깨' 주문에서 비롯됐다. 「세서미 스트리트」는 1969년 PBS 방송에서 첫 방영된 이후 반세기 가까이 사랑받고 있는 어린이 프로그램이다. 프로그램 제목과 캐릭터를 놓고 고심을 하던 제작진 가운데 한 사람이 「알리바바와 40인의 도둑들」에 나오는 '열려라 참깨' 주문처럼 아이들에게 모험심을 불러일으킬 수 있는 '참깨(세서미)'가 프로그램 제목에 들어가는 것이 어떻겠냐는 제안을 해 채택됐다고 한다.

무서운 질병, 말라리아

수단 가다리프주 알타다몬 마을에서 만난 파트마의 시동생 아흐마드가 걸린 것으로 추정되는 말라리아는 지구상에서 가장 무서운 질병으로도 꼽힌다. 누군가는 모기가 옮기는 기생충에 의해 걸리는 질병이 그렇게 무섭냐고 반문할지도 모른다. 하지만 말라리아가 암이나 HIV 감염(에이즈·후천성 면역 결핍 증후군)보다도 더 무서운 이유는 치사율(열대열 말라리아는 치료하지 않을 경우 사망률은 10퍼센트, 치료해도 환자 4퍼센트에 이르는 환자 사망)이 높으면서도 전염력이 매우 강하기 때문이다. 치료약을 개발해도 금세 내성이 생겨 퇴치가 굉장히 어렵기도 하다. 10여 년 전까지 말라리아 예방약이자 치료제로 쓰였던 클로로퀸은 현재 많은 지역에서 무기력한 약제가 됐다.

인류 역사와 같다고 할 정도로 오래됐으면서 현재도 매년 100만 명 이상을 죽음에 이르게 하는 질병이다. 말라리아의 어원은 라틴어로 '나쁘다'는 뜻의 malus와 '공기'라는 뜻의 aria가 합쳐진 것이다. 옛날에는 사람들이 말라리아를 '나쁜 공기'로 인한 전염병으로 인식했다는 것이다. 한국을 비롯한 한자문화권에서는 학질瘧疾로 불렸다. '모질다·사납다'는 의미의 '학瘧' 자를 쓸 만큼 무서운 병으로 여겼다는 뜻이다.

두유유 중국전통의학연구원 교수는 개똥쑥에서 말라리아 치료의 특효 성분인 아르테미시닌Artemisinin을 개발한 공로를 인정받아 2015년 노벨 생리·의학상을 공동 수상했다.

세계보건기구는 이미 2006년 아르테미시닌을 '말라리아에 우선적으로 쓰이는 약제'의 지위에 올렸다. 그러면서도 아르테미시닌을 기존의 다른 말라리아 약과 섞어 쓸 것을 권고했다. 클로로퀸 사례에서 경험한 것처럼 금방 내성이 생겨 약효가 듣지 않게 되는 것을 우려했기 때문이다. 하지만 말라리아를 잡기 위해 아르테미시닌을 대량 살포한 지역에서는 이미 이 약제에 대한 저항성이 나타나고 있다고 한다. 지독한 질병이 아닐 수 없다.

5

라글로리아에서 생긴 일

2016
09.06-09.09

차에서 내리자마자 코를 막았다. 역한 분뇨 냄새가 코를 찔렀다. 1~2층 건물과 벽돌담이 반듯한 길을 따라 늘어서 있었다. 건물은 대체로 벽돌이 그대로 드러났거나 페인트의 색깔이 바래 있었고, 도로는 포장된 곳과 흙먼지가 날리는 곳이 뒤죽박죽 섞여 있었다. 길가에는 잡초가 무성했다. 비쩍 마른 개들이 동네를 아무렇게나 돌아다녔다. 멕시코 수도 멕시코시티에서 동쪽으로 약 250킬로미터 떨어진 이 마을의 이름은 라글로리아 La Gloria, 스페인어로 '영광'이라는 뜻이다. 마을 한가운데에 낙서가 가득한 벤치와 웃자란 풀, 녹슨 담장이 있는 작은 공원이 있다. 말라붙은 분수대에는 작은 소년의 동상이 서 있다. 반팔 티셔츠에 반바지, 운동화 차림의 짧은 머리 소년이 장난스런 웃음을 지은 채 오른손에 개구리를 든 모습이다. 동상의 주인공은 7년 전 21세기 첫 글로벌 전염병의 0번 환자, '니뇨 세로Niño Cero'라고 불렸던 에드가르 에르난데스다.

라글로리아 한가운데 사람들이 가장
많이 오가는 곳에 한 손에 개구리를
든 에드가르의 동상이 있다.

멕시코만

멕시코

라글로리아

🍳 '돼지 독감' 0번 환자를 찾아서

한국인이 가장 사랑하는 외식 메뉴인 삼겹살의 상당수는 미국과 중남미에서 온다. 삼겹살은 한국을 제외한 다른 나라에서는 값싼 부위로 친다. 멕시코 사람들은 기름이 적은 등갈비를 즐겨 먹는다. 돼지 기름으로 푹 익혀 포크만 갖다 대도 결을 따라 찢어지는 미초아칸주의 돼지고기 요리 '카르니타Carnitas'는 고수, 양파와 함께 토르티야Tortilla에 얹어 라임과 살사소스를 잔뜩 뿌려 먹는다. 돼지껍질을 바삭하게 튀긴 치차론Chicharon도 인기 간식이다.

하지만 멕시코 사람들의 솔푸드라면 역시 초리소Chorizo다. 스페인의 전통 소시지 초리소는 오랜 식민지 시절 멕시코에 깊이 뿌리를 내렸다. 멕시코의 초리소는 지방이 많은 고기로 만들어지고, 고추가 들어가

라글로리아 중심가의 한 재래시장에
돼지고기와 스페인식 소시지 초리소
가 걸려 있다.

매콤하다. 초리소와 스크램블 에그를 섞어 만든 '초리소 콘 우에보스
Chorizo con huevos'는 길거리 어디서나 볼 수 있는 간편한 아침 식사다. 토
르티야Tortilla에 넣어 타코Taco로 만들어 먹기도 한다.

　몇 해 전 돼지에서 시작된 문제가 멕시코를 덮쳤다. 2009년 봄, 돼
지 인플루엔자Swine influenza·SI, 혹은 인플루엔자AInfluenza A 등으로 불린
바이러스가 돌기 시작했다. 멕시코와 미국에서 인플루엔자 바이러스
의 일종인 H1N1 바이러스의 변종이 알 수 없는 이유로 퍼지기 시작했
고 곧 북미를 넘어 전 세계에 대유행했다. 미국 질병통제예방센터CDC

는 이 바이러스가 그전까지 인간에게서 나온 적이 없는 완전히 새로운 종류라는 판단을 내렸다.

세계보건기구는 그해 6월 전염병 경보 중 최고 수준인 6단계 '대유행pandemic'을 선포했다. 1968년 홍콩 인플루엔자 사태 후 41년 만의 일이었다. 1년 넘게 이어진 공중 보건 비상사태 동안 세계에서 2만여 명이 사망했다. 멕시코는 완전히 패닉에 빠졌다. 유치원부터 대학까지 모든 교육 기관이 1주일 넘게 문을 닫았고 성당 미사까지 취소됐다.

멕시코 보건당국은 그해 4월 동부 베라크루스주 페로테 외곽, 인구가 3000명도 안 되는 작은 마을 라글로리아에 살던 에드가르를 첫 발병자로 지목했다. 당시 다섯 살이던 에드가르의 혈액을 검사한 결과 변종 H1N1 바이러스 양성 판정이 나왔다는 것이다. 에드가르는 몇 주간 앓다가 회복했다. 주 정부는 그해 여름 '니뇨 세로'의 회복을 기념하기 위해 마을 한복판에 공원을 만들고 1.3미터 높이의 동상을 세웠다. 비센테 폭스 전 멕시코 대통령의 동상을 만들기도 했던 유명 조각가 베르나르도 루이스 로페스 아르타산체스가 작업을 맡았다. 벨기에 브뤼셀의 마스코트인 '오줌싸개 소년' 동상을 본떠 분수대에 만들어진 이 동상은 에드가르가 오른손에 든 개구리에서 물이 나오는 구조로 설계됐다. 개구리는 치유와 회복을 상징한다.

세워질 때만 해도 반짝이는 구릿빛이었던 동상은 시간이 흘러 자유의 여신상과 비슷한 청록색으로 변해 있었다. 개구리 입에서 나오던 분수는 오래전 가동이 멈춘 듯했다. 깔끔하게 도색됐던 붉은빛 분수대의 페인트는 여기저기 벗겨져 있었다. 벌써 몇 년이 흘렀지만, 에드가르는 아직도 마을의 유명 인사다. 공원을 지나던 아이에게 "이 동상의 주인공이 어디 사느냐"고 묻자 아이는 걸어서 3분 떨어진 작은 구멍가게로 안내했다. 에드가르의 엄마 마리아 델 카르멘 에르난데스(40세)가 둘째 아들 조나단(7세), 막내 추초(5세)와 함께 가게를 지키고 있었다. 일용직으로 근처 농장에서 일하는 아버지는 일을 나갔다. 벌써 열세 살, 중학교 1학년이 된 에드가르는 학교에서 돌아와 어른스럽게 악수를 청했다.

🌱 돼지 독감은 왜 신종플루가 됐나

너무 어렸던 에드가르는 당시 기억을 잘 떠올리지 못하지만 마리아에게 아들의 투병은 어제 일처럼 생생하다.

"그땐 정말 아이가 죽는 줄 알았어요."

마리아는 고개를 흔들었다. 갑작스럽게 열이 펄펄 끓던 아이에게 해열제를 먹였지만 이내 다시 열이 오르곤 했다. 이대로 아이를 잃나 싶었을 때 병이 낫기 시작했으나 이후에도 몇 달 동안 밥도 제대로 먹지 못할 만큼 몸이 약해졌다. 더 무서운 것은 "네 아이가 병을 옮겼다"고 원망하는 사람들의 시선이었다.

라글로리아에서 8.5킬로미터가량 떨어진 곳에는 멕시코 최대 양돈 기업 '그란하스 카롤 데멕시코 Granjas Carroll de Mexico(GCM)'의 축사가 있다. GCM은 페로테 일대 10여 군데에 축사를 두고 돼지 130만 마리를 키

동상의 주인공인 에드가르는 중학생이 되었다.

운다. 이 병의 0번 환자로 에드가르가 지목되자 마을 사람들은 자연스럽게 라글로리아 근처의 돼지 축사를 질병의 근원으로 봤다. 농장에서 퍼져 나와 마을까지 닿는 악취와 파리 떼가 병을 옮겼을 거라고 추측하는 사람도 있었다. 과학자들은 "축사에서 일하는 사람들이 병을 옮겼을 가능성이 있을 수 있다"고 조심스럽게 말했다.

전문가들은 이 병의 원인이 된 변종 H1N1 바이러스가 돼지와 닭 등 가축의 집단 사육으로 인해 변이됐을 가능성이 크다는 데에 대체로 의견이 일치한다. 미국 CDC는 변종 H1N1 바이러스의 유전자 구성을 분석한 결과 북미의 돼지와 사람, 조류 바이러스와 유라시아의 돼지 바이러스에서 유래된 유전자가 섞인 것으로 판명됐다고 밝혔다. 하지만 이 바이러스가 구체적으로 어떻게 변종이 됐으며 왜 사람끼리 감염시키는 형태로 변형됐는지는 아직까지 미스터리로 남아 있다.

H1N1 바이러스는 1990년대 후반부터 2000년대 초반까지 돼지에 노출된 사람들을 산발적으로 감염시켰지만 인간 간 감염은 나타나지 않았다. 그런데 2009년 대유행 사태를 일으킨 변종 H1N1 바이러스는 인간 간 감염만 관찰됐다. 돼지로부터 변종 H1N1이 검출된 적도 없다. 즉, 2009년 대유행 사태가 돼지에서 인간으로의 감염을 통해 시작됐다는 증거는 없다. 다만 바이러스 유전자 안에 뚜렷한 돼지의 흔적이 있을 뿐이다.

이 때문에 처음에 '돼지 인플루엔자'라고 불렀던 이 전염병의 이름을 두고 축산 업계는 격렬하게 반발했다. 이름 때문에 마치 돼지고기를 먹으면 병이 옮는다는 오해를 살 수 있다는 것이었다. 실제로 각국에서 미국산과 멕시코 산 돼지고기 수입을 줄줄이 금지했다. 이집트는 돼지 인플루엔자를 방제한다며 자국 내 돼지 30만 마리 이상을 살처분하기까지 했다. 국제수역사무국OIE은 "돼지고기를 통한 바이러스 전염 사례는 없고 돼지로부터 이 바이러스가 검출된 적이 없으므로 돼지 인플루엔자라 불러서는 안 된다"는 성명을 냈다.

결국 WHO는 이 병을 돼지 인플루엔자 대신 '인플루엔자 A'로 부르겠다고 발표했다. 돼지고기를 먹는다고 바이러스에 감염되는 일은 절대로 없으니 안심하라는 성명도 몇 번이나 냈다. 돼지 바이러스의 유전자를 보유한 만큼 돼지 인플루엔자라는 명칭을 그냥 쓰는 것이 적절하며 병의 근원을 명시하는 것이 낫다고 지적하는 이들도 있었으나, 이 병의 공식 명칭은 여전히 '인플루엔자 A'다. 한국에서는 조금 뜬금없이 '신종플루(인플루엔자)'라는 명칭이 굳어졌다. 이로 인해 앞으로 또다시 새로운 종류의 인플루엔자 바이러스가 나오면 뭐라고 불러야 하느냐는 지적도 나왔다.

🥄 전염병 그 후, 갈라진 마을

돼지에서 사람으로 바이러스가 옮겨간 증거를 찾지 못한 것은 라글로리아에서도 마찬가지였다. 멕시코 보건당국은 바이러스가 전국에 걷잡을 수 없이 퍼진 2009년 4월에 농장을 조사하고서 "GCM의 농장에서 키우는 돼지들은 이 병과 관련 없다"고 발표했다. 5월에는 이 농장에 병에 걸렸거나 호흡기 증상을 보이는 돼지가 없다는 조사 결과를 내놨다. 라글로리아에는 에드가르 말고도 2~3월에 호흡기질환과 근육통 등 독감 증세를 호소한 환자들이 많았다. 하지만 이들에게서는 변종 H1N1 바이러스가 검출되지 않았다. 에드가르는 발병 전후로 마을을 떠난 적이 없었고, 에드가르에게 병을 옮긴 사람을 찾을 수도 없었다.

마을을 덮쳤던 병이 한풀 꺾일 즈음, '0번 환자' 에드가르를 만나러 외국 기자들이 줄지어 몰려왔다. 『뉴욕타임스』와 『가디언』, CNN

라글로리아 인근의 GCM 농장.

과 BBC 등 세계 언론에 아이의 사진이 실렸고 가족들의 사연이 방송됐다. 에드가르가 병을 옮겼다며 멀리하던 마을 사람들 사이에 "그 집 부모가 외국 언론의 관심을 끌어 돈을 많이 벌었다더라"라는 소문이 돌았다고 마리아는 말했다.

마을을 거닐며 만나본 주민들은 아직까지도 에드가르 가족을 냉대하고 있다.

"이 마을이 그 병의 진원지였던 것처럼 미디어에 나오긴 했는데 그건 다 황색 언론들이 자극적으로 만들어낸 말이었어. 아이 하나만 아팠고 그 아이는 금방 나았지."

아내와 함께 집을 나서던 한 중년 남성에게 당시 상황을 묻자 그는 이렇게 말했다. 심지어 에드가르의 고모도 "그때는 겨울이었고 그냥 독감 환자가 많았던 것뿐이다. 돼지 때문이 아니라는 결과가 나왔다"라고 퉁명스럽게 말했다. 마리아는 친하게 지내던 이웃집 여자로부터 "에드가르 덕분에 돈 많이 벌어서 도시에 집 샀다며?"라는 이야기까지 들었다면서 고개를 세차게 흔들었다.

"절대 아니에요. 나한테는 이 가게에 딸린 집과 내 가족들밖에 없어요."

마리아는 낡은 문이 달린, 바깥에서 훤히 들여다보이는 거실을 가리키며 말했다.

지금은 '돼지가 병의 원인 아니냐'는 말에 손사래를 치는 사람들이 처음에 GCM을 바이러스의 원흉으로 지목했던 것은 지난 10여 년 동안 고통 받았던 냄새와 파리 떼 때문이었다. 라글로리아에서는 바람이 불 때마다 역겨운 냄새가 났다. 해발 3000미터 고지대에 위치해 사시사철 그리 덥지 않은 곳이지만, 늘 파리 떼가 득시글거린다. 마을을 찾은 9월 5일은 최저기온이 10도 아래까지 떨어져 쌀쌀한 날이었는데도 파리를 쫓으며 밥을 먹어야 했다.

바이러스가 어디서 왔는지는 확인되지 않았으나 적어도 이 마을 사람들이 느끼는 불편과 고통은 진짜다. 사람들은 GCM의 돼지에서 바이러스의 증거가 나오지 않았다는 발표를 받아들였지만 파리와 냄새에 대해 물으면 "돼지 농장에서 온 냄새가 맞다"고 입을 모았다. 그 반응은 "익숙해지면 별 느낌이 들지 않는다"부터 "창문에 모기장을 치고 살아도 음식에 자꾸 파리가 앉아서 견딜 수가 없다"까지 다양했다. 마을 사람들이 느껴왔고 지금도 느끼고 있는 불편함이 전염병 사태가 번지며 공포감으로 폭발했던 것이다.

일자리와 파리 떼 사이에서

그 이전부터 GCM의 공장식 축산이 라글로리아와 주변 마을의 지하수와 공기를 오염시켰다며 오랫동안 싸워왔던 사람이 있다. 베르타 크리스토모(53세)가 그중 대표 격이다. 빨간 스웨터를 입고 화단을 정

쌀쌀한 날씨에도 마을 어디서든지 파리가 날아다닌다. 축사에 가까운 쪽일수록 파리가 더 많다고 했다.

라글로리아에서 생긴 일

멕시코시티 유원지 소치밀코에 진열된 카르니타와 치차론.

리하던 그는 "지금 이 나쁜 냄새가 느껴지지 않느냐. 이게 다 그 농장 때문이다"라고 말했다. 베르타는 당시 시청에서 일했고, 일주일간 지속된 마을의 격리와 환자 진료 관리를 총괄했다.

"정부는 돼지 때문이 아니라고 했고 사람들도 그 말을 믿지만 나는 믿지 않아. 그때 마을 주민 절반 이상이 다 같은 증상으로 아팠어."

언론들은 당시 라글로리아 주민 3000명 중 1800명이 호흡기질환과 고열, 근육통을 호소했다고 보도했다.

베르사의 안내를 받아 당시의 환자이자 활동가 중 한 사람이었던 마르게리타(60세)의 집을 찾았다. 마르게리타의 첫마디는 "그란하스 카롤 데멕시코GCM는 역겨워. 좋지 않아"였다. 마르게리타는 그때 고열과 근육통에 시달렸고 목이 너무 아팠다고 했다. 그의 아버지도 같은 병에 걸렸었다. 나중에야 돼지 인플루엔자가 유행하고 있다는 이야기를 방송에서 보고 자신의 병이 무엇인지 확신했다.

전염병 사태는 GCM에 대항하는 활동가들에게 어떤 면에서는 기회가 됐다. GCM은 수년 전 마을 경계선 바로 옆에 축사를 짓겠다고 했었다. 마르게리타에 따르면 GCM이 지목한 자리는 학교에서 불과 800미터 떨어진 곳이었다. 그는 2004년부터 라글로리아에 축사가 들어오는 것을 반대하며 이웃 마을 주민들과 같이 '환경연합Pueblos Unidos por el Medio Ambiente'이라는 단체를 결성해 GCM의 축사가 공기와 토양, 물을 오염시킨다고 주장했다. 그러다가 2007년 인근 마을 주민 4명과 함께 시위를 하면서 도로를 차단한 혐의로 기소됐고 법정 다툼 끝에 2009년에야 무죄를 선고받았다.

이 지역 돼지 축사가 전 세계 인플루엔자 대유행을 발생시킨 것이 아니냐는 의혹이 나온 뒤 GCM은 라글로리아에 축사를 추가로 짓는 것을 포기했다. 하지만 마르게리타는 돼지 축사가 들어서기 더 이전, 지하수를 먹던 시절이 그립다고 했다. 지금은 대부분의 사람이 생수를 사 먹거나 수도 시설을 이용한다.

모두가 마르게리타처럼 GCM을 싫어하는 것은 아니다. 어느 가게 앞에서 담배를 피우던 세르히오 페레스(42세)는 "GCM이 정착한 다음에 일자리가 많이 생겼다"고 했다.

"GCM이 이 마을 근처에도 축사를 지으려고 했는데 사람들이 반대했어요. 물론 오염 같은 문제는 있지만 일자리를 잡을 기회가 더 많이 생기는 것은 좋은 일이라고 생각해요."

이 마을 사람들 중에서도 여럿이 GCM의 축사에서 일한다. 축사마다 가까운 동네 사람을 우선 고용하는 경우도 있어서 '위장전입'을 한 사람이 있다는 소문도 돌아다녔다. GCM은 이 지역에서 1300여 명을 고용하고 있다.

꩜NAFTA가 세운 공장식 축사

"우리는 그 일에 대해 더 이상 코멘트하지 않는 것이 원칙입니다. 멕시코 보건당국이 내놓은 발표를 보지 못했나요? 왜 우리가 그 일과 관련이 없다는 걸 다시 증명해야 하죠?"

페로테의 GCM 본사에서 만난 홍보 담당자 에마 리세트Emma Lizzeth는 H1N1 바이러스 사태에 대해 문자 퉁명스럽게 대답했다. 멕시코를 찾기 두 달 전부터 줄기차게 GCM 축사를 방문할 수 있느냐고 문의했지만, GCM이 요청한 양식대로 방문 목적을 설명한 공문을 보내자 연락이 뚝 끊겼다. GCM의 환경 정책에 대해서 듣고 싶어 왔다고 말을 돌리자 목소리가 다소 누그러졌다.

요즘에는 공장식 축사에서 오염된 폐수를 그대로 버리는 일은 없다.

공장식 돼지 축사의 모습. 옴짝달싹도 하기 어려운 공간에서 돼지는 극도의 스트레스를 받는다.

GCM은 돼지 분뇨를 방수 처리가 잘 된 웅덩이에서 엄격한 위생적 절차를 거쳐 비료로 바꾸며, 이 과정에서 생성되는 메탄가스는 에너지로 재활용한다고 리세트는 설명했다. 정화 처리된 물은 농업용수 등으로 재사용한다. 20년 이상 베라크루스와 푸에블라에서 축사를 운영하며 수많은 일자리를 창출했고, 학교를 짓는 등 사회 기여에도 신경 쓰고 있다고 소개했다.

하지만 아무리 과학적인 시스템을 갖추고 깨끗하게 처리한들 돼지 수백만 마리의 분뇨에선 냄새가 새어나올 수밖에 없다. 울타리 바깥에서만 둘러볼 수 있었던 GCM의 대형 축사는 완벽한 시스템을 갖춘 청결한 공장처럼 보였지만, 분뇨를 모아둔 것으로 보이는 축사 앞 거대한 웅덩이에서는 악취가 올라왔다.

GCM은 1994년 페로테에 터를 잡았다. 북미자유무역협정NAFTA이 체결된 지 2년 뒤였다. 이 회사 지분 50퍼센트는 미국을 대표하는 축산 기업 스미스필드가 가지고 있다. 뒤에 스미스필드가 중국 육가공 기업 솽후이 그룹(현 WH 그룹)에 넘어가면서 GCM도 중국 자본의 소유가 됐다.

NAFTA 이후 미국, 캐나다와 같은 경제권으로 묶인 멕시코 축산업계는 완전히 재편됐다. 돼지고기 수입량이 늘면서 돼지 사육두수가 크게 줄었다. 소규모 양돈 농가는 몰락했고 대기업은 작은 양돈 농가를 인수해 몸집을 불렸다. 스미스필드도 페로테 일대의 소규모 양돈 농가를 합병해 GCM을 만들었다. 미국에서 축산 기업에 대한 환경 규제가 속속 등장하기 시작한 1990년대, 스미스필드는 규제의 무풍지대인 페로테에서 수출용 돼지고기를 생산했다. 당시 멕시코 언론 보도에 따르면 스미스필드는 이곳에서 돼지 80만 마리를 키우면서 분뇨를 처리하기 위한 하수처리 시설조차 만들지 않았다고 한다.

NAFTA와 함께 멕시코로 몰려온 미국식 집단 사육 시설은 축사 주변 사람들뿐만 아니라 돼지들까지 고통스럽게 한다. 라글로리아에 다녀온 다음 날, 동물보호단체 국제인도주의사회Humane Society International(HSI) 멕시코 지부에서 일하는 사비나 가르시아를 멕시코시티의 한 카페에서 만났다. 1년 전 다녀온 공장식 돼지 축사의 모습을 설명해주겠다며 사비나는 "한국에서 멕시코까지 올 때 얼마나 걸렸느냐"고 물었다. 22시간 걸렸다고 대답하자 그가 말했다.

"많이 힘들었겠군요. 그런데 이코노미 클래스 좌석에서 일어나지 못하고 한 달, 아니면 일 년 동안 산다고 생각해본 적 있어요?"

🍵 결국은 소비자가 답

돼지는 풀어 기르면 무리를 지어 살고, 땅에 코를 박고 먹을거리를 찾아 활동적으로 돌아다닌다. 더러운 것을 싫어해 배변 장소는 보금자리에서 멀리 떨어진 곳에 따로 마련한다. 암컷 돼지는 출산이 다가오면 구멍을 파고 지푸라기를 깔아 새끼를 낳은 뒤 며칠 지나 원래 무리로 되돌아간다. 하지만 인간의 노동력을 최소한으로 줄이고 생산 비용을 낮추기에 전력하는 현대식 농장에서 돼지들은 분뇨를 처리하기 쉽도록 만들어진 시멘트 바닥이나 나무 바닥에 산다. 딱딱한 바닥에서는 다리를 다치기 쉽다.

암컷은 임신해서 새끼를 낳는 3~4년 동안 분만틀crate이라는 철제 우리에 갇혀 산다. 자기 몸만 한 이 틀 안에서 돼지는 걸음을 뗄 수조차 없다. 다른 돼지들과 어울릴 수도, 배변을 가릴 수도, 지푸라기를 모아 보금자리를 만들 수도 없는 이 공간에서 돼지는 극도의 스트레스를 받으며 한 번에 열 마리가 넘는 새끼를 낳는 일을 반복한다. 근육과 뼈는 약해질 대로 약해진다. 스트레스를 참지 못한 돼지들은 옴짝달싹도 하기 어려운 공간에서 울부짖으며 쇠로 된 기둥을 씹고, 입가는 다 망가진다. 사비나는 "그렇게 시끄럽고 냄새 나고 처참한 현장은 또

없을 것"이라며 얼굴을 찡그렸다.

멕시코의 축산업을 대형화하는 데 일조한 것은 세계화이지만, 역설적으로 요즘 멕시코의 축산업에 동물권 개념을 정착시키고 있는 것도 세계화다. 유럽연합은 2013년부터 분만틀 사용을 전면 금지했다. 미국의 몇몇 주도 분만틀을 금지한다. 선진국 소비자들의 달라진 요구에 맞춰 멕시코의 100여 개 기업이 이미 분만틀을 없앴으며, 돼지들을 큰 헛간에 풀어 기른다. "결국은 소비자가 답"이라고 사비나는 말했다.

"식탁 위에 올라오는 돼지고기가 어떻게 만들어지는지 알면 소비자들은 이걸 바꾸라고 요구할 거예요."

GCM은 2022년부터 분만틀을 퇴출하기로 했다. GCM의 돼지들이 좀더 편해지면, 라글로리아의 파리 떼도 조금은 줄어들까.

라글로리아가 유명해지고 사람들이 오가면서 마을도 조금은 살기 좋아졌다. 공원이 생기고 성당이 새로 지어졌다. 페로테로 통하던 비포장도로는 사라지고 말끔한 고속도로가 놓였다. 시내까지 2시간 걸리던 것이 30분으로 줄었다. 다섯 살 에드가르의 모습은 혼란스런 시절을 극복했다는 기념물로 남았다. 7년 전 피델 에레라 당시 베라크루스 주지사는 동상을 세우면서 이 가난한 마을에 새로운 명물이 생겼으니 관광객들이 올 거라고 했다.

상처만 남긴 아이의 투병은 마을의 기념물이 됐지만 여전히 길은 텅 비었고 동상이 선 공원에는 비쩍 마른 개 몇 마리와 아이들 몇 명밖에 없다. 방과 후 에드가르는 동생들을 데리고 자기 동상 앞에서 뛰어놀았다. 자기 어린 시절 모습이 동상으로 서 있는 것이 마냥 신나 보였다.

엄마 심부름을 가는 에드가르와 동생 조나단.

"그 무서운 병을 이겨낸 내가 자랑스러워요. 친구들은 내 동상을 부러워하는 것 같아요."

마리아는 가족에게 상처만 남긴 기억을 떠올리게 하는 동상을 없애버리고 싶을 때도 있었지만, 지금 이렇게 건강한 아들을 보면 그저 기쁘다고 했다.

하지만 마리아는 아직도 가끔 궁금하다. 아들이 어떻게 그 바이러스에 감염됐는지, 왜 삶이 흔들렸는지. 왜 아직도 이따금 사람들이 차가운 시선으로 자신과 아들을 바라보는지. 에드가르는 학교에서 "실험실에서 빠져나온 바이러스가 퍼졌다고 한다"는 이야기를 들었다. 미국 제약 회사 실험실에서 신종플루가 탄생했다는 2009년의 유명한 음모론은 갑작스런 전염병의 원인을 설명할 말을 찾지 못한 마을에 아직도 떠돌아다니고 있다.

멕시코의 소스, 살사와 과카몰레

멕시코 음식은 소스를 빼고는 설명하기 어렵다. 타코나 부리토Burrito, 화히타Fajita 같은 멕시코의 대표 음식에는 모두 살사Salsa가 들어간다. 흔히 '살사소스'라고 부르지만 사실은 살사라는 단어 자체가 소스라는 뜻이다.

멕시코 식당에서 가장 흔하게 볼 수 있는 소스는 초록색의 살사 베르데Salsa Verde다. 녹색 토마토와 고추, 양파, 라임 등을 넣어 만든다. 한국에도 많이 알려진 붉은 소스는 살사 로하Salsa Roja로 붉은 토마토와 붉은 고추를 주재료로 만든다. 잘게 썬 토마토와 양파, 다진 고수잎과 고추를 라임에 버무린 피코 데 가요Pico de Gallo도 있다. 옥수수로 만든 얇은 빵인 토르티야Tortilla에 채소와 고기 등 원하는 속재료를 듬뿍 넣고 돌돌 말아 먹는 '타코', 비슷한 구성에 밥이 들어가는 '부리토'에 소스를 곁들여 먹는다. 아보카도로 만든 과카몰리Guacamole도 유명하다. 숲속의 버터라고 불릴 정도로 지방질이 풍부한 과일 아보카도에 토마토와 라임, 양파, 마늘 등을 섞어 으깬 소스로 토르티야나 나초 칩에 찍어 먹는다. 과카몰레는 멕시코뿐 아니라 미국에서도 인기가 많다. 미국인들이 얼마나 과카몰레를 좋아하는지 보여주는 사례도 있다. 2015년 『뉴욕타임스』는 트위터에 "과카몰레에 녹색 완두콩을 넣어보라"는 레시피를 제안했다. 그러자 민주당 버락 오바마 당시 대통령과, 공화당의 조지 부시 전 대통령의 동생인 젭 부시 등 정치인들이 일제히 "과카몰레에 완두콩을 넣어서는 안 된다"며 반발했다. 텍사스 주 공화당은 "『뉴욕타임스』가 과카몰레에 녹색 완두콩을 넣으라면서 텍사스에 전쟁을 선포했다"는 트윗을 올리기도 했다. 그야말로 미국 정치계가 과카몰레 하나 때문에 정파적 이해를 접고 똘똘 뭉친 셈이다.

맥주 칵테일 미첼라다

　멕시코 사람들은 맥주에 토마토주스와 라임즙, 소금을 넣어 먹는다. 이 멕시코의 대중적인 맥주 칵테일 미첼라다Michelada를 만드는 방법은 어렵지 않다. 차갑게 보관해둔 유리잔 가장자리에 레몬즙이나 라임즙을 바른 뒤 소금이 담긴 접시에 거꾸로 뒤집어 소금을 묻힌다. 이 잔에 토마토주스와 라임즙 등을 섞은 신맛 나는 액체를 조금 따르면 준비가 끝난다. 현지에서는 토마토주스와 조개 육수가 혼합된 클래마토Clamato라는 소스를 쓰고 핫소스, 우스터소스나 간장 등을 섞기도 한다. 잔에 소금과 함께 고춧가루를 묻히는 경우도 있다. 준비가 끝나면 라거 맥주를 따르고, 잔 가장자리에 묻은 소금을 핥아가며 미첼라다를 마시면 된다. 상큼하고 짭짤하면서도 시원한 맛이 입맛을 돋운다. 해장술로도 유용하다고 한다.

미첼라다.

새 식품 공룡 중국의 등장

　중국인은 전 세계에서 생산돼 도축되는 돼지고기의 절반을 소비한다. 중국인이 매년 먹어치우는 돼지는 한 해에 5억 마리에 달하고 심지어 해마다 늘어나고 있다. 중국인이 먹는 돼지의 대부분은 중국 내에서 사육되지만, 사료는 모두 수입한다. 중국에서 생산하는 곡물로는 돼지가 먹는 사료를 감당할 수 없기 때문이다. 중국에서 엄청난 양의 돼지고기를 소비하기 때문에 아마존 열대우림이 돼지 사료용 콩 경작지로 바뀌고 있으며, 돼지 사육 과정에서 막대한 온실가스와 토양, 물 오염이 발생한다는 지적이 끊이지 않았다.

　중국은 엄청난 육류 수요를 채우기 위해 세계의 농축산·식품 관련 기업들을 대거 사들이고 있다. 쌍후이 그룹이 2013년 스미스필드를 71억 달러에 인수한 것은 시작에 불과했다. 쌍후이 그룹은 2014년 호주 빅토리아주에 위치한 최대 육류 수출 업체인 타브로 역시 인수했다. 국영 기업인 식품유통 회사 광밍 그룹은 2012년 영국의 시리얼 생산 업체 위타빅스 푸드를, 2014년에는 호주 식품 업체 마나센과 이스라엘 최대 유제품 기업 트누바의 지분을 사들였다. 중량 그룹은 2014년 아시아 최대 곡물 회사 노블 그룹, 네덜란드의 곡물 회사 니데라의 대주주가 됐다. 중국 최대 화학 기업인 중국화공은 2016년에 스위스 종자 기업 신젠타를 440억 달러에 사들였다. 초기에는 중국 내에서 축산물 소비량이 늘어난 데 따라 안정적으로 공급망을 확보하기 위해서였지만 갈수록 전문성이 요구되는 축산 기술을 단기간에 빨리 획득해 세계 식품 시장을 주도하려는 의도로 대기업 인수전에 나선다는 관측도 제기됐다.

각국 정부가 중국의 자국 기업 인수에 제동을 걸기도 했다. 쌍후이 그룹과 스미스필드의 인수 계약 성사 직후 미국 정치권에서는 중국의 진출이 미국 식품 위생과 식량 안보를 해칠 수 있기 때문에 인수를 승인하지 말아야 한다는 우려의 목소리가 일었다. 신젠타 인수 계약 후에도 스위스와 미국에서 반대 목소리가 나왔다. 두 건의 인수는 결국 승인됐지만 실제로 좌절된 사례도 있다. 2016년 중국 부동산 회사 펑신 그룹은 호주 국토의 1.3퍼센트를 차지하는 초대형 농장 S. 키드먼을 인수하려 했으나 "국익에 반한다"는 호주 정부의 잇따른 제동에 결국 인수 계획을 철회했다. 펑신 그룹은 2014년 뉴질랜드 대형 농장 로친버 스테이션도 인수하려고 시도했지만 뉴질랜드 정부의 반대로 실패했다.

라글로리아에서 생긴 일

세계의 동물 복지 정책들

유럽연합의 동물 보호에 관한 주요 원칙은 두 가지다. 동물도 감정을 가진 존재이며, 소비자는 가축의 사육과 수송, 도축 과정을 알고 선택할 권리가 있다는 것. 1997년 EU 이사회는 동물 보호를 위한 다섯 가지 기본 사항을 채택했다. 굶주림과 목마름으로부터의 자유, 불편으로부터의 자유, 고통과 질병으로부터의 자유, 정상적인 활동을 할 수 있는 자유, 공포와 고민으로부터의 자유가 그 원칙이다. 즉 동물이 굶주리지 않도록 물과 먹이를 주는 수준을 넘어서 활동할 수 있는 공간과 같은 적절한 환경을 제공하고, 아프지 않도록 돌봐주며 고통을 주지 않고 도축해야 한다는 의미다. EU는 농장과 도축장, 수송 과정에서의 동물 복지 규정 등도 세세하게 갖추고 있다. 사육 시설에는 동물이 부상을 당할 만한 시설을 두어서는 안 되고 괴롭지 않을 정도의 공간을 보장해줘야 한다. 가축은 반드시 인가된 도축장에서만 도살해야 하고 도살 전에는 고통을 피하기 위해 기절시켜야 한다.

유럽은 1999년 산란계 보호를 위한 최소 기준을 마련했고 2012년부터는 산란계를 가두는 배터리 케이지 사용을 전면 금지했다. 2007년부터는 소를 기를 때 폐쇄된 개별 축사 이용을 금지했고, 2013년부터는 어미 돼지를 철제 우리에 가둬 키우시 못하도록 했다.

유럽에서도 동물 복지 제도가 가장 발달한 나라는 1822년 세계 최초로 동물보호법을 제정한 영국이다. 영국은 "돼지 우리에 제공하는 깔짚은 청결하고 건조해야 한다" "모든 축사는 암탉들이 서로를 분간할 수 있을 정도로 밝아야 한다" 등 매우 상세한 규정을 마련해 시행하고 있다.

미국에는 1873년에 제정된 '28시간법'이 있다. 살아 있는 가축을 수송할 때는 반드시 28시간마다 적절한 휴식을 취해야 한다는 내용의 연방법이다. 동물 복지에 관련된 최초의 미 연방 법률이기도 하다. 이외에는 일부 주 단위에서 농장 동물 복지 관련 법률을 시행 중이다. 일본에서는 가축을 쾌적한 환경에서 기르는 것 자체가 생산성 향상으로 연결된다고 인식해 산란계·돼지·육계·육우 생산자 단체가 직접 가이드라인을 마련해 시행하고 있다.

6

시칠리아의 채소밭

—

2016
09.01-09.06

"일단 맛을 봐요."

피에렐리사 리초(47세)는 보랏빛 동그란 양파를 토막 내더니 한 조각 집어 입안에 넣어줬다. 향긋하고 은은한 단맛이 퍼졌다. 그의 주방엔 여러 종류의 양파가 있었다. 보랏빛 길쭉한 양파는 시칠리아 카타니아 산, 보랏빛이 좀더 진한 것은 이탈리아 반도 최남단 칼라브리아에서 온 거라고 했다.

"보기엔 비슷해도 맛과 식감이 조금씩 달라요. 카타니아 것은 아삭함이 덜하고 칼라브리아 산은 알싸한 맛이 강하죠."

리초의 초대를 받아 이탈리아 시칠리아 섬 중부 고원지대 엔나에 있는 그의 집을 방문한 것은 9월 2일이었다. 이탈리아 통신사 ANSA의 기자이자 요리 연구가인 그는 "시칠리아에는 지역마다 다양한 요리가 있는데 그 요리에 어울리는 재료를 쓰는 것이 맛의 핵심"이라며 "가지 요리인 '파르미자나 디 멜란차네 Parmigiana di melanzane'에 곁들일 맛있는 샐러드를 위해선 엔나 부근 바라프랑카

이탈리아 시칠리아섬의 카타니아 피아
차에 있는 카를로 알베르토 시장에 진
열된 채소.

아드리아해

티레니아해

시칠리아

이오니아해

마을에서 재배된 양파를 써야 한다"고 말했다. 주방에서 함께 점심 식사를 준비하는 동안 그는 '치폴라 디 엔나chipolla di Enna', 즉 엔나 산産 양파를 몇 번이나 되풀이하며 강조했다.

'장화 끝' 미식의 고장

전날 시칠리아 동부의 작은 마을 마스칼루치아에서 만난 마리아 마우제리(68세)가 만들어준 '인살라타 디 파졸리니Insalata di fagiolini'는 그린 빈green bean과 감자, 삶은 달걀로 만든 샐러드다. 소스를 뿌려먹을 요량으로, 서울의 이탈리아 식당에서 흔히 주는 이탈리아식 전통 식초 발사믹을 달라고 하자 마리아는 "그건 시칠리아 것이 아니다"며 두 손을 내저었다. 대신 그는 시칠리아 산 적포도주로 만든 아체토Aceto를 건넸다. 또 찬장을 열고는 에트나 화산 근처에서만 자라는 사과로 만든 잼, 시칠리아식 양배추의 일종인 카볼로Cavolo를 섞어 구운 빵 따위를 식탁 위에 올려놓더니 "시칠리아에서만 먹을 수 있는 것"이라고 권했다.

시칠리아 사람들은 자신들의 음식과 농산물에 대한 자부심이 강하다는 이야기를 여러 차례 들었다. 그렇지만 어디에 가나 어김없이 이를 확인하게 될 줄은 몰랐다. 에트나산 자락의 밀로에서 '레 카세 델 메를로Le Case del Merlo'라는 아그리투리스모agriturismo(농가 숙박업소)를 찾았을 때 주인 스텔라 폰티는 토마토소스의 재료인 최고급 품종 산마르차노san marzano가 다른 토마토와 어떻게 다른지를 설명하는 데 한참을 할애했다. 시칠리아에서 두 번째로 큰 도시 카타니아의 번화가 코르소 이탈리아의 한 카페에서 오렌지주스를 주문하자 젊은 종업원은 "제대로 된 시칠리아 오렌지를 맛보려면 겨울에 와야 한다"면서 "지금 있는 오렌지들은 시칠리아 산이 아니라 아르헨티나에서 온 것이 많다"고 아쉬워했다.

이탈리아 사람들에게 음식은 단순한 먹거리 이상이다. 생활이고 실존이며 삶이자 영혼이다. 이탈리아 식문화를 집대성한 책『왜 이탈리아 사람들은 음식 이야기를 좋아할까?』에서 엘레나 코스튜코비치가 언급했듯이 이탈리아인은 어떤 주제로 이야기를 시작하더라도 음식으로 귀결되기 일쑤다. 그 애착은 농업과 식문화가 발달한 남부로 갈수록 훨씬 커진다.

그중에서도 최남단 시칠리아. 반도의 장화 코끝에 걸려 지중해 한복판에 자리한 섬은 이탈리아에서도 맛의 본산이자 고향으로 불린다. 고대 그리스인이 시칠리아에 닻을 내리면서 이 섬은 이탈리아의 어느 곳보다 먼저 문명의 꽃을 피웠다. 기원전 4세기 시라쿠사의 시인 아르케스트라투스는 음식과 식재료에 관한 시를 많이 남겼다. '요리에 양념을 지나치게 많이 쓰는 것은 좋지 않다'는 조언도 나온다. 재료 고유의 풍미를 살리는 이탈리아 요리의 특성이 언제부터 시작됐는지 알 수 있는 대목이다. 플라톤의 저서 『고르기아스』에도 시칠리아 요리에 대한 언급이 나온다.

이곳이 맛의 고향이 된 데는 독특한 역사가 큰 영향을 미쳤다. 시칠리아는 그리스 이후 로마, 비잔틴, 아랍, 노르만, 스페인 등 지중해 패권을 차지한 세력들이 잇달아 지배했고, 긴 세월 문명의 용광로가 됐다. 카타니아 중심가의 두오모 대성당 내부를 보면 기단은 그리스식, 기둥은 노르만식, 천장 장식은 스페인 로코코식이다. 수백 년의 시차를 두고 여러 시대가 한 공간에 중첩돼 있다. 음식도 마찬가지다. 카타니아 대학에서 그리스 철학과 문학을 가르치는 마테오 미아노는 "그리스 시대에 포도주와 치즈가 들어왔고 로마 시대에는 엄청난 양의 밀을 재배하며 제국의 곡창지대 역할을 했다"고 설명했다.

비잔틴 시대에는 재료에 속을 채워 만드는 요리법이 전해졌다. 아랍의 지배기는 시칠리아 식문화에 혁명적인 변화를 가져왔다. 오렌지와 설탕, 쌀, 가지, 후추, 계피 등이 시칠리아에 들어왔고 이탈리아 음식의 대명사가 된 파스타, 리조토의 원형도 이때 전파됐다. 노르만족은 다양한 고기 요리법을 전수했으며 스페인 정복자 무리는 아메리카

대륙에서 가져온 토마토와 옥수수를 이곳에 옮겨놨다. 세계에서 몰려든 식재료는 이곳을 발판 삼아 이탈리아 전역과 유럽 대륙으로 퍼져나갔다.

🥗 고대 로마부터 시작된 샐러드

이탈리아를 대표하는 요리는 피자와 파스타다. 이민자들과 함께 세계로 진출한 피자와 파스타는 가장 글로벌화된 이탈리아 메뉴다. 하지만 이보다 수세기 더 앞섰던 것이 샐러드다. 경제지『일 솔레 24 오레』에서 음식·문화 칼럼니스트로 활동하는 알레산드로 마르초 마뇨는 "날 채소에 기름이나 식초 따위로 간을 해서 먹는 샐러드는 고대 로마부터 시작돼 세계로 전파된 요리"라면서 "이미 중세 유럽에서 이탈리아를 대표하는 최고의 요리로 평가됐다"고 밝혔다.

요즘 우리 식탁에도 많이 올라오는 로메인 상추는 '라투가 로마나lattuga romana', 즉 로마 상추라는 뜻이다. 마르초 마뇨는『맛의 천재』라는 저서에서 "샐러드는 르네상스 시대에 계층에 상관없이 많은 이의 식탁에 올랐다는 기록이 나온다"면서 "루콜라, 펜넬, 아티초크, 꽃양배추 등이 이미 이때도 등장했던 채소"라고 썼다. 인류학자 클로드 레비스트로스도『훌륭한 식사 습관의 기원L'origine des manières de table』이라는 책에서 "이탈리아 덕분에 생으로 먹는 음식의 폭이 훨씬 넓어졌다"고 했다.

미식의 고장 시칠리아에서는 농산물에 대한 애정과 자부심이 강하다.

루콜라, 로메인 상추 등은 우리 식탁에도 오르는 채소가 되었다.

　시칠리아에서 찾아가본 집들은 하나같이 빠지지 않고 샐러드를 내
놨다. 경제지표만 보면 이탈리아에서 가장 가난하고, 웬만한 관광지에
서조차 영어가 거의 통하지 않는 섬이지만 인심 하나만은 넉넉하고 푸
짐했다. 단골 식료품 가게에서 브로콜리나 카볼로, 시칠리아식 호박
줄기인 테네루미Tenerumi를 사와 샐러드를 만들어주기도 했고 예고 없
이 찾아온 이방인을 위해 바질과 토마토, 상추를 덧밭에서 뽑아오기
도 했다. 엔나 외곽의 가족 농장에서 농사를 짓는 프란체스코는 "한
국에서는 바질이 꽤 비싸기 때문에 자주 사 먹을 수 없다"고 하자 바
질을 한 아름 뜯어 안겨줬다.

샐러드에 들어가는 양념이라곤 소금과 식초, 후추, 올리브유가 고작인데도 신선하고 싱그러운 감칠맛이 났다. 이오니아해가 내려다보이는 마스칼리의 작은 농장에서 만난 농부 알베르토(60세)는 오레가노와 비트, 브로콜리, 루콜라 잎을 따더니 맛보라고 건네면서 "이곳의 햇빛과 땅의 맛이 그대로 전해질 것"이라고 말했다. 『이탈리아 기행』에서 "시칠리아가 없다면 이탈리아는 영혼에 아무런 잔상도 남기지 못했을 것"이라고 극찬했던 괴테는 이곳에서 맛본 샐러드에 대해 "연하고 맛있어 마치 우유 같으며 야채는 고급이다"라고 썼다.

양배추와 브로콜리의 고향

요즘은 우리 식탁에도 샐러드가 오르지만 전통적으로 한국에서 생야채를 먹는 방법은 쌈의 형태였다. 예전엔 쌈 채소는 상추나 깻잎, 호박잎 정도였으나 지금은 로메인, 치커리, 케일, 라디키오도 꽤 익숙해졌다. 루콜라나 바질과 같은 허브를 베란다 텃밭이나 화분에 키우는 집도 많다. 최근에는 '먹방' 바람을 타고 아티초크나 펜넬, 딜, 엔다이브같은 생경한 이름의 채소들도 밥상에 올라오기 시작했다.

아시아종묘 류경오 회장은 1990년대 초반부터 당시만 해도 생소하던 채소들을 국내에 소개하고 보급해왔다. 다양한 채소가 발달한 시칠리아를 비롯해 지중해 일대를 문턱이 닳도록 다녔다는 그는 "우리 입맛에 맞을 만한 고기능성 채소를 찾는 데 주력했다"면서 "초기엔 시장이 형성되지 않아 어려움을 겪었지만 1990년대 후반부터 웰빙 바람을 타고 쌈밥집, 채식 전문점들이 많이 생겨나면서 국내에 재배 농가도 늘어났다"고 설명했다.

천혜의 기후 조건은 이 지역에 여러 씨앗을 선물했다. 세계적으로 가장 많이 소비되는 채소로 꼽히는 양배추를 비롯해 브로콜리, 콜리플라워, 케일의 원산지가 시칠리아다. 동부 타오르미나 바닷가 절벽에는 이 채소들의 야생종인 브라시카 올레라케아가 자란다. 이런 야생종은 자연 상태에서 진화하고 농부들에 의해 재배되면서 재래종, 즉 토종 종자로 자리잡았다. 세계적인 종자 회사는 이런 토종 종자나 야생종의 유전형질을 개선해 생산성과 기능성을 높인 종자를 개발한다. 몇 년 전 영국 연구진이 개발한 슈퍼 브로콜리 '베네포테Beneforte'는 일반 브로콜리보다 항암 효과가 훨씬 더 뛰어난 것으로 알려진 품종이다.

다른 지역에 원산지를 둔 채소임에도 오히려 이곳이 본거지로 여겨질 만큼 뿌리내리며 번성한 것도 있다. 겨울이면 이탈리아인의 식탁에서 빠지지 않는 아티초크가 대표적이다. 아티초크 재배가 시작된 곳은 중동이다. 아랍인들에 의해 시칠리아로 전해졌고 15세기에 이탈리아를 통해 유럽 전역으로 퍼졌다. 당시 이탈리아에서 발간된 요리책에는 아티초크를 날것으로 혹은 익혀 먹는 방법들이 자세히 소개돼 있다.

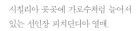
시칠리아 곳곳에 가로수처럼 늘어서
있는 선인장 피처딘디아 열매.

이곳에서 채소가 번성한 것은 단지 기후 조건과 요리법 때문만은 아닙니다. 신토불이 농산물에 대한 주민들의 애착도 한몫했다. 카타니아 대학 원예학과 페르디난도 브랑카 교수는 "시칠리아에는 유독 각 지역이나 농가마다 오랫동안 전해 내려오는 재래종이 많다"면서 "이곳에서 생산되는 채소류의 4분의 1은 소규모 농가에서 재래 종자로 재배한 것들"이라고 말했다. 그는 "시칠리아 사람들의 까다로운 입맛이 이를 가능하게 만들었다"고 덧붙였다.

🍲 화산지대 검은 땅의 채소 농장

시칠리아 남동부 라구사 일대가 상업적 농장이 집약돼 있는 곳이라면 에트나산 서쪽 기슭에 자리한 농업도시 아드라노는 상대적으로 소규모 농가가 밀집한 곳이다. 에트나산은 유럽에서 가장 높은 활화산으로, 지금도 조금씩 용암을 흘려보내고 있다. 산 정상에는 늘 연기가 자욱하다. 큰 폭발이 일어나 주변 도시를 용암과 화산재로 뒤덮을 만큼 재앙을 끼쳤던 적도 있었지만 미네랄이 풍부한 비옥한 토양과 풍성한 생태 환경이라는 선물도 줬다.

아드라노는 검은 화산 토양이 많은 곳이라 채소와 과일이 잘 자란다. 곳곳에 올리브와 오렌지, 포도밭이 있었고 길 양쪽엔 시칠리아 선인장의 일종인 '피치딘디아Fichi d'india'가 늘어서 있었다. 이 선인장에 열리는 노란색 열매는 골드키위와 배를 섞어놓은 듯 달콤하고 시원했다.

시칠리아 남동부 산기슭에 자리한 마을.

　아드라노에서 가장 큰 농장 중 하나인 '일 도로 치니오'를 찾아갔다. 가지, 상추 수확이 한창이었다. 비닐하우스엔 올 겨울에 수확할 펜넬 모종이 촘촘히 심어져 있었다. 비닐하우스와 마주본 밭에서 자라고 있는 것은 브로콜리였다. 한국에서 보던 브로콜리와 크게 다를 바 없었다. 농장주 알프레도 카루소는 "몇 년 전 해외 수출 계약을 맺은 뒤 수확량을 높이기 위해 일본 사카타 종묘 회사가 판매하는 하이브리드 종자를 심었다"면서 "시칠리아 재래종이 수확량은 적지만 맛은 더 좋다"고 말했다.

　사카타는 브로콜리 등 몇몇 작물 분야에서 세계적인 경쟁력을 갖고 있는 종자 회사다. 국내 브로콜리 농가도 거의 대부분 사카타의 종자를 수입해 쓴다. 카루소의 농장에서 자라는 채소 가운데 브로콜리를 제외하고는 모두 재래종이다. 그는 "시칠리아 사람들은 모양을 보고서도 미묘한 맛의 차이를 잘 안다"면서 "이 때문에 농부마다 자신의 씨앗을 발전시키려고 노력한다"고 덧붙였다.

눈치오 스피탈레리의 밭은 카루소의 농장에서 차로 10분 거리에 있다. 2헥타르 규모의 경작지에는 바질과 상추, 토마토, 가지, 브로콜리가 먹음직스럽게 익어가고 있었다. "모두 시칠리아 재래 품종"이라고 소개한 그는 "대규모 납품을 위한 상업적 생산을 할 것인지, 전통적인 맛을 내는 우리 품종을 생산할 것인지 판단해 필요에 따라 선택을 하겠지만 이곳에서는 후자를 선택하는 농부들이 많다"고 말했다.

🥄 내 이름이 곧 브랜드

피아차 카를로 알베르토 시장은 카타니아에서 가장 큰 재래시장이다. 매일 아침 8시에 문을 열어 오후 1시면 문을 닫는다. 길 양편으로 늘어선 점포 외에 곳곳에 채소, 과일, 치즈가 놓인 '방코banco'도 있다. 작은 테이블을 뜻하는 방코는 영세 상인이나 텃밭에서 소규모로 농사를 지어 직접 내다 팔러온 농민들이 주로 운영한다. 코옵Co-op이나 심플리Simply 같은 대형 마트와 비교할 때 채소의 신선도도 좋고 값도 훨씬 더 싸다. 웬만한 채소는 한 바구니 혹은 1킬로그램에 1유로 정도다.

진열된 채소 사이엔 비닐이나 작은 스티로폼 박스로 포장돼 있는 것들도 있었다. 포장된 아이스버그iceberg 상추를 들여다보니 네덜란드에

아드라노의 농부 눈치오 스피탈레리가
자신의 밭에서 딴 바질과 토마토, 가지
를 보여주고 있다.

스텔라 폰티가 음식 준비를 위해 밭에
서 가져온 야채에 대해 설명하고 있다.

피아차 카를로 알베르토 시장에서 방
코를 운영하는 상인들.

서 수입된 것이라고 쓰여 있다. 채소 가게 주인 살바토레는 "여기서 파는 것들은 대부분 근처에서 수확하는 것들"이라며 "수입품은 모두 포장이 돼 있어 누구나 쉽게 구분할 수 있다"고 말했다.

아드라노에서 작은 밭을 일구는 루초는 매일 아침 양파와 민트, 호박 따위를 차에 싣고 시장으로 나온다. 그는 "내가 키우는 호박을 사기 위해 매주 찾아오는 손님들이 있다"면서 "비록 작은 방코에 불과하지만 내 이름이 브랜드인 셈"이라고 말했다. 한편 실비오가 파는 그린빈은 모양에 따라 값이 좀 달랐다. 길이가 길고 색깔이 연한 것은 한 바구니에 1.5유로, 길이가 짧고 색깔이 진한 것은 3유로였다. 아드라노에서 왔냐고 묻자 그는 손사래를 치며 "그린빈은 마스칼리에서 난 것이 훨씬 맛이 좋다"면서 "색깔이 짙은 것은 야생에서 자란 거라 귀하다"고 자랑했다.

엄마와 B&B 숙소를 운영하는 알레시아나(30세)는 거의 매일 아침 시장을 찾는다. 실비오에게서 그린빈을 산 뒤 버섯 한 묶음, 상추 한 다발, 예닐곱 개의 큼직한 복숭아를 사서 천 가방에 담았다. 그는 "모두 합해 5유로도 안 된다"면서 "아침마다 투숙객들에게 내놓는 시칠리아식 건강 샐러드가 우리 집의 자랑"이라고 소개했다.

시라쿠사는 시칠리아의 대표적인 관광도시다. 도시 남동쪽 산안토니오 부두의 공용 주차장 앞에는 식사와 음료, 간식거리를 파는 작은 카페가 있다. 간판은 없지만 관광객을 실어 나르는 버스 기사와 여행 가이드에게 맛집으로 소문난 곳이다. 파스타와 야채 샐러드, 야채로 속을 채운 시라쿠사 스타일의 빵 '임파나타Impanata'가 주 메뉴다. 식당

주인 엔초 벨루아르도는 시 외곽에 있는 3.5헥타르 규모의 밭에서 할아버지 때부터 전해 내려오는 품종의 파프리카와 토마토, 주키니, 상추를 키운다. 아침마다 그날 먹을 분량의 채소를 카페로 가져오면 아내 카르멜라 스쿠델리는 좁은 부엌에서 한 번에 서너 가지 메뉴를 뚝딱 만들어낸다. 독일 관광객 가이드로 활동하는 주세페 브루노(47세)는 "거의 매주 이곳에 와서 점심을 먹는다"면서 "시내에는 늘 관광객으로 붐비는 화려한 식당들이 꽤 있지만 시칠리아의 맛을 제대로 내는 곳은 찾기 힘들다"고 귀띔했다.

슬로푸드 운동으로 전통을 지킨다

맥도널드가 들어오는 것에 반대하는 시위가 벌어지고 그 흔한 스타벅스도 아직 진출하지 못했을 정도로 식문화에 관한 한 이탈리아인들은 보수적이다. 그 보수성의 정도가 더한 시칠리아에서는 최근 몇 년 새 관광객이 늘어나고 외국의 식문화가 밀려들어오자 고민이 커지고 있다. 여기서도 젊은 세대는 패스트푸드를 즐기고 대형 마트가 상권을 넓혀가고 있기 때문이다.

카타니아 외곽에 있는 대형 마트 코옵에는 살 씻어 포장한 샐러드용 채소가 제법 큰 판매대를 차지하고 있었다. 이 지역에서 슬로푸드 운동을 해온 마리우스 로시는 "포장지에 이탈리아 산이라고 쓰여 있기는 하지만 공장에서 나오는 가공식품 같은 채소를 누가 살까 생각했

카타니아 재래시장에서 채소를 사고
파는 모습.

일요일이면 일가친척, 친구들과 함께
모여 점심을 즐기는 시칠리아 사람들.

는데 꾸준히 팔리고 있는 것을 보면 이제 편리함만을 추구하려는 것은 아닌지 걱정스럽다"고 말했다.

먹거리를 지키려는 이들이 고민을 나누고 해결책을 모색하는 통로는 지역 축제다. 시칠리아 곳곳에서는 늘 크고 작은 농산물 축제가 열린다. 특히 8월 말부터 11월까지 에트나산 주변 마을에서는 와인, 올리브, 돼지고기, 양파, 피스타치오, 밤, 치즈 등 품목별로 주말마다 축제가 이어진다. 자기 지역에서 난 농산물과 전통 먹거리를 사고파는 장이 서고, 남녀노소가 모여 이웃과 세대 간 연대의식을 높인다.

9월 4일 밀로의 중앙광장 '코무네 디 밀로'에서는 와인 축제 '비니밀로Vinimilo'가 열렸다. 오전에는 지역 농업 전문가와 농민, 시민단체, 공무원, 대학교수, 정치인, 언론인들이 모여 시칠리아 농산물과 전통 음식을 보호하고 활성화할 방안을 놓고 공개회의를 열었다. 일요일 오전 9시 30분부터 모여든 사람들은 2시간 넘게 진지하고 적극적으로 목소리를 내고 질문을 이어갔다. 저녁에 열린 직거래 장터는 가족 단위로 몰려온 주민들로 발 디딜 틈 없이 붐볐다.

광장에서 전시·판매된 농산물은 슬로푸드 협회가 '프레시디오Presidio'로 지정한 것들이었다. 이는 '맛의 보루'라는 뜻으로, 지역 고유 농산물이나 전통 음식을 지정해 보호하고자 시행됐다. 이라르도 산토가 수확한 누에콩, 주세페 리 로시가 구운 옥수수 쿠키, 베아트리체와 시어머니가 함께 만들어온 피스타치오 스프레드, 로나르도 다비데가 키운 양의 젖으로 만든 치즈가 사람들의 관심을 끌었다.

몬샌토 연구비 1조5000억 원, 한국은 100억 원

특히 인기가 많았던 것은 시칠리아 남동쪽 노토에서 카르딜로가 가져온 '자라타나Giarratana' 양파였다. 자라타나 지역에서 처음 재배되기 시작한 이 양파는 멜론만한 크기와 달콤한 맛을 자랑한다. 브랑카 교수는 "이곳이 원산지인 품종이 많아 유전자원이 풍부한 데다 농가에서 오랫동안 저마다의 입맛과 방식으로 선택하고 재배해왔기 때문에 다양성과 고유성이 유지될 수 있었다"고 했다. 이런 종자의 품질을 높이고 계승하는 것이 그의 연구 과제다.

한국의 농가에서는 예로부터 전해오는 재래 품종을 찾기가 쉽지 않다. 토착 품종의 중요성에 일찍 눈뜨지 못했던 데다 한국전쟁 등을 겪으면서 상당수의 유전자원이 소실됐다. 충남대 원예학과 임용표 교수는 "일제강점기에 일본이 우리 재래종의 유전 정보를 대거 수집했고, 미국 역시 한반도가 원산지인 대두 재래종의 유전 정보를 확보했다"면서 "일본과 미국이 이를 토대로 개량·개발한 종자나 작물에 오히려 우리가 의존하는 상황이 됐다"고 지적했다.

그나마 청양고추나 참외 등 전통적인 작물의 재래 품종을 토대로 새로운 종자를 개발하는 데 성공했으나, 1997년 외환위기 이후 이런 원천 기술을 가진 국내 종자 회사 상당수가 외국 기업에 팔렸다. 이 때문에 우리가 늘 먹는 채소를 키우려면 외국 종자 회사에 로열티를 내야 한다. 현재 세계 종자 시장은 몬샌토나 신젠타, 사카타 등 10대 메이저 회사들이 70퍼센트 이상 장악했다. 이들은 유전자원과 신품종

높은 일조량으로 탁월한 맛을 자랑하는 시칠리아
농산물.

개발에 엄청난 자금을 쏟아부으며 시장 지배력을 강화하고 있다.

　최근 국정감사에서 더불어민주당 박완주 의원이 농촌진흥청으로부터 받아 공개한 자료를 보면 지난 10년 동안 한국이 해외에 지급한 종자 관련 로열티는 1457억 원에 이른다. 임 교수는 "종자 자립의 중요성에 대한 인식을 공유하고 정부에서도 대책을 찾고 있지만, 미국 몬샌토 한 곳만 해도 연간 연구 개발비가 1조5000억 원에 이르는데 국내 연간 예산은 100억 원 수준"이라고 말했다.

시칠리아의 가지

우리 밥상에서 가지는 그다지 환영받는 재료가 아니다. 요리법이래야 가지를 삶아 찢어 무쳐 먹거나 여름철에 가지냉국을 만들어 먹는 것이 고작이다. 익히면 물컹한 식감이 썩 좋지 않다. 그렇다고 다른 채소들처럼 날로 먹기도 쉽지 않다. 싸고 쉽게 구할 수 있지만 즐겨 먹는 편은 아니다. 하지만 시칠리아에선 가정마다 거의 매일 가지를 먹는다. 현지에서 방문한 대부분의 가정에서 가지 요리를 내왔다. 그런데 신기하게도 물컹한 식감이 아니라 아삭하기도 했고 심지어 쫄깃한 맛도 났다. 다양한 요리법으로 가지를 이리저리 즐기고 있는 것이다. 닭고기와 굴을 갈아서 만든 완자튀김인 줄 알았던 요리는 가지를 갈아서 만든 튀김이었다. 치즈와 가지를 층층이 쌓아 오븐에 구운 요리 역시 풍성하고 깊은 맛을 냈다. 시칠리아의 시장에는 노점상마다 가지를 잔뜩 쌓아놓고 팔고 있었으며 주부들은 장바구니에 어김없이 가지를 채워넣었다.

시칠리아에선 왜 이렇게 가지를 많이 먹을까. 고대 그리스 시대부터 지중해 패권을 잡았던 문명권이 머물렀던 시칠리아는 마치 용광로 같은 곳이다. 덕분에 유럽 지역에서 가장 빨리 외부의 식재료를 접할 수 있었고 다양한 요리법도 도입됐다. 자연히 음식 문화가 발달했다. 하지만 시칠리아는 가난한 곳이었고, 지금도 이탈리아에서 모든 경제지표의 최하위를 차지하는 곳이 시칠리아다. 이렇게 가난한 곳에선 고기를 구하기가 쉽지 않다. 이 때문에 가지를 고기 대용으로 먹었다는 것이다. 언뜻 상상이 되지 않지만 이들의 요리법으로 만들어낸 가지 요리는 실제 고기와 비슷한 식감과 맛이 난다.

대표적으로 '파르미자나Parmiggiana'와 '폴페테 디 멜란차네Polpette di melanzane'가 있다. 만드는 방법은 간단하다. 먼저 파르미자나는 일단 가지를 0.5센티미터 두께 정도로 잘라 기름을 두른 팬 위에서 노릇노릇하게 굽는다. 삶은 계란, 치즈를 비슷한 두께로 썰어둔다. 방문했던 집에선 파르미자나에 라구사에서 생산된 프로볼라 치즈를 사용했는데 이건 취향 따라 다르다고 하니 원하는 대로 넣어도 된다. 파르미자노 레자노 치즈처럼 경질 치즈를 써도 되고 쫀득한 모차렐라 치즈를 넣어도 된다. 아무튼 가지와 치즈, 계란을 층층이 놓고 그 사이사이와 맨 위에 토마토소스를 바른 뒤 파르미지아노 치즈를 뿌린다. 파르미자노 치즈는 우리가 흔히 아는 파마산 치즈다. 오븐에 넣어 치즈가 녹을 정도로 구우면 된다.

폴페테 디 멜란자네는 이탈리아어로 가지 미트볼이라는 뜻이다. 고기 대신 가지를 넣어 미트볼 같은 맛이 나게 만든 것이다. 가지 1개를 통째로 물에 삶는다. 익은 가지를 적당히 잘라 손으로 주무르며 물컹하게 으깬다. 5분가량 반죽하듯 치댄 뒤 물기를 뺀다. 믹서에 단단한 질감의 치즈(40~50그램 정도)와 마늘 한쪽, 빵가루(종이컵으로 한 컵), 바질잎 3~4장을 넣고 간다. 갈아낸 내용물에 치대놓은 가지를 넣어 다시 반죽하듯 치댄다. 여기에 계란 1~2개(반죽의 상태를 봐서 적당하게 양을 조절하면 된다)를 넣고 다시 반죽한다. 반죽을 작게 완자로 만들어 밀가루 옷을 입힌 뒤 튀겨낸다.

시칠리아에서 만난 토마토

올리브와 함께 토마토는 시칠리아 사람들의 식탁에서 빼놓을 수 없는 식재료다. 시장이나 대형 마트에도 각양각색의 토마토가 팔리고 있다. 소비자들 역시 어떤 음식을 만들지에 따라 토마토의 품종을 달리 선택한다. 토마토소스 만들기는 이들에게 우리의 김장 이상으로 중요하다. 이곳 사람들이 최고의 품종으로 치는 토마토는 산마르차노San Marzano다. 과육이 매우 찰진 데다 반으로 갈라 보면 씨가 거의 없어 소스를 만들기에 적합하기 때문이다.

쿠오레 디 부에Cuore di Bue라는 토마토도 소스용으로 인기가 많다. 세로로 골이 패어 있어 국내에서 보는 토마토와 생김새가 좀 다르다. 쿠오레 디 부에는 영어로 옥스 하트ox heart로, 소의 심장 모양을 닮았다고 붙여진 이름이다.

시칠리아의 채소밭

쿠오레 디 부에.

7

'국민 과일' 망고

2016
08.18 - 08.22

밥상 위의 세계

흠집 없는 망고에 막대기 하나가 푹 들어와 박힌다. 컴퓨터 화면에 30.2도씨가 찍혔다. 과육의 온도다. 새벽에 농장에서 배달된 망고 2400개 중 8개에 센서가 박혔다.

필리핀 다바오의 한 망고 수출 공장. 직원들이 망고를 컨테이너 증기실로 옮기느라 분주했다. 한국과 일본으로 수출하는 망고는 증기 소독 절차를 거쳐야 한다. 증열처리VHT라 부르는 일종의 '사우나'를 통해 소독을 하는 것이다. 과육이 상하지 않게 하면서 표면의 숨구멍으로 열을 집어넣어 과일 속 병균과 해충을 죽이는 데 걸리는 시간은 2시간 40분. 과육의 온도가 46도씨가 됐을 때 10분 더 사우나를 하고 나서 0도씨의 찬물로 한 시간 동안 샤워를 한다.

어느새 망고는 한국의 '국민 과일'이 됐다. 시내 카페 어디에서나 사람들은 망고주스, 망고와플을 즐기고, 무더웠던 2016년 여름엔 망고빙수가 인기였다. 추석 차례상에도 망고가 올랐다. 그 망고

마닐라

필리핀

다바오
사말

의 고향을 찾아 8월 18일 필리핀 남부 민다나오섬의 항구도시 다바오
에 갔다. 다바오는 마닐라와 세부 다음으로 큰 필리핀 제3의 도시다.
'필리핀의 도널드 트럼프'라 불리는 로드리고 두테르테 대통령이 2016
년 6월 말까지 시장으로 22년을 지낸 곳이기도 하다. 망고를 키우고,
거두고, 소독해 포장하고, 한국으로 보내는 이들은 어떻게 살아가고
있는지 그곳에서 들여다봤다.

🍵 '추석 대목' 망고 공장

아치 랑 코(26세)는 다바오 파나칸의 망고 수출 공장에서 일하는 노동자다. 한국의 추석을 한 달쯤 앞두고 아치가 일하는 공장은 '대목'을 맞았다. 이곳에서 가장 힘든 일은 망고를 증기실에 집어넣기 전 깨끗이 씻는 일이다. 아치 같은 젊은 남성들이 주로 한다. 아치가 덜 익은 망고 40여 개가 담긴 플라스틱 박스를 들어 살균제가 풀린 수조에 담갔다. 망고 표면을 시커멓게 만드는 곰팡이와 세균을 없애기 위해서다. 1분가량 지나 깨끗한 물이 담긴 수조로 옮겨 헹군다. 한국과 필리핀 정부 간에 체결된 검역 규정에 따른 절차다.

아치 곁에서 14~15킬로그램 되는 망고 박스를 물에 담갔다가 꺼내는 일을 도왔다. 30분이 지나자 팔이 떨리고 다리가 휘청거렸다. 망고 박스를 바닥에 내려놓는데 '쿵' 소리가 나자, 공장을 운영하는 한국인 임종원(46세) 사장이 "그렇게 하면 망고에 상처가 난다"며 주의를 줬다. 필리핀 여성과 결혼한 임 사장은 다바오 주변 농장들과 계약해 거둬온 망고를 한국에 보내기 위해 쉴 새 없이 공장을 돌리고 있었다.

이날도 이른 새벽에 수확한 망고 6톤이 들어왔다. 주간조와 야간조를 꼬박 돌려야 다음 날 아침 포장된 망고를 평택행 배에 실을 수 있다.

"9월 9일이 추석 택배 마지막 날이니까 늦어도 9월 5일에는 평택항에 도착해야 합니다. 평택까지는 배로 일주일 걸리는데 추석 대목 마지막 배편이 열흘도 안 남았어요. 그때까진 전쟁입니다."

필리핀 민다나오섬 다바오의 한 망고
수출 공장에서 일하는 여성들이 한국
으로 수출할 망고를 선별하고 있다.

한국 수출에 적합한 망고 모양과 크기
기준이 적혀 있는 기둥.

추석을 앞두고 망고 수출 공장은 대목
을 맞았다.

임 사장이 달력을 넘기며 말했다.

아치의 동료 아르조 라바조(21세)가 웃통을 벗은 채 망고 박스를 들어 여성들이 모여 있는 작업장으로 옮겼다. 여성들은 망고를 크기에 따라 분류한다. 그다음에 망고가 거치는 곳이 증기실이다. 다음 목적지는 패킹장. 패킹장은 이중 출입문에 에어샤워까지 구비돼 있다. 초파리가 상자에 들어 있으면 한국 검역 과정에서 모두 폐기 처분해야 하기 때문에 박스 구멍에도 방충망이 붙어 있었다. 기후 변화와 온난화로 한반도 남부가 아열대처럼 변하다보니 동남아에서 해충이 유입되면 순식간에 번진다. 세계 최대 망고 생산국인 인도가 지금까지 한국에 망고를 수출하지 못한 것도 초파리 등을 걸러내는 시스템을 완비하지 못했기 때문이다.

아치와 아르조는 다바오 외곽 티벙코에 산다. 마을 초입에서 30분 동안 부지런히 걸어 들어가야 아치의 집이 나온다. 어머니는 몇 년 전 암으로 세상을 떴고, 아치는 지금 삼촌과 함께 살고 있다.

항구에서 바나나 하역 일을 하는 삼촌은 전날 아침에 나갔다가 아직 돌아오지 않았다. 집은 삼촌이 대나무를 엮고 시멘트를 발라 만들었다. 함석판을 덮은 천장은 겨우 빗물만 막을 정도다. 창문은 유리창 없이 커튼으로 가렸다. 부엌에는 시멘트로 만든 설거지대가 놓였다. 방이 두 개인데 하나는 삼촌과 그의 아들이 쓰고, 하나는 아치가 쓴다. 흙바닥으로 된 침실에는 나무판으로 만든 딱딱한 침대와 서랍장이 있다. 그래도 6제곱미터쯤 되는 집에서 흙바닥에 헝겊 한 장 깔고 사는 아르조보다는 형편이 낫다.

아치도 삼촌에게 미장일과 전기 배선, 목공을 배웠다. 아치는 "이 정도는 이 동네 애들이라면 누구나 할 수 있다. 그런데 일자리는 없고 나 같은 사람은 넘쳐난다"고 했다. 요즘은 망고 공장이 바쁘게 돌아가서 다행이란다. 아르조는 고기잡이, 세차, 집짓기 등 일용직을 전전했다. "하루 종일 부려먹고 쉴 시간도 안 주는 고기잡이에 비하면 다른 일은 다 할 만하다"고 했다.

망고 공장에서 이들이 받는 돈은 시급 25~30페소(600~710원). 이 날 망고 공장에서 10시간 동안 일해 번 돈은 각기 270페소(6400원)가 조금 안됐다. 시내 패스트푸드점에서 쌀밥과 치킨으로 한 끼를 때우는 데 드는 돈이 158페소이니 한나절 꼬박 일한 값이다.

두 청년은 한국의 중학교 2학년에 해당하는 고등학교 2학년까지 학교를 다니다가 그만뒀다. 일을 해야 했기 때문이다. 아치는 영어를 조금 하지만 아르조는 현지 언어인 비사야Visaya 어만 쓴다. 필리핀의 열대과일 수출 공장과 생산 농장은 이 두 사람 같은 저임금 일용직 노동자들 덕에 굴러간다.

'가장 달콤한 망고' 칼라바우

다바오의 사사 항구에서 배로 10분 거리에 있는 사말섬. 서울의 절반쯤 되는 사말은 화려한 리조트로 유명하다. 섬을 빙 둘러싼 포장도로를 벗어나자 코코넛 숲 사이로 흙길이 나온다. 대나무와 짚으로 엮은 집들이 띄엄띄엄 모습을 드러내고 집 너머로 망고 숲이 보였다. 토종 물소 칼라바우가 나무에 묶인 채 풀을 뜯었다. 이곳 사람들은 집 주변에서 흔하게 자라는 망고에 물소의 이름을 붙여 '칼라바우 망가 Kalabaw Mangga'라 부른다.

칼라바우에는 '세상에서 가장 달콤한 망고'라는 수식어가 붙었다. 1995년 루손 섬 잠발레스에서 생산된 칼라바우 망고의 기네스북 기록이다. 보통 망고의 당도는 10~14브릭스Brix인데, 잠발레스에선 18~19브릭스짜리도 나온다. 기네스북 기록을 세운 뒤 잠발레스 주민들은 108년 된 망고나무를 뽑아 '스위트 엘레나'라는 품종을 만들었다. 망고나무는 보통 300년쯤 사니 108년 정도면 한창 혈기왕성한 나이인 셈이다. 전국에 보급된 칼라바우 망고는 10여 종. 저마다 '세상에서 가장 달콤하다'며 선전하자 스위트 엘레나 농가는 '세상에서 가장 달콤한 망고 중에서도 가장 달콤한 망고'라 홍보하고 있다.

망고 농장주 오스카 쿠에바(75세)가 말했다.

"칼라바우는 다른 나라 망고처럼 그냥 달기만 한 게 아냐. 새콤한 데다 향기도 짙지."

오스카는 덜 익은 시큼한 망고를 길쭉하게 깎아 바고옹Bagoong이라는 전통 새우젓에 찍어 먹는 걸 즐긴다. 짠 새우젓이나 소금에 찍어 먹으면 신맛은 줄고 단맛은 풍성해진다.

오스카는 5헥타르 땅에 망고 400그루를 심었다. 농장 대부분을 차지하던 코코넛나무는 큰맘 먹고 베어냈다. 망고는 10년생 나무부터 본격적으로 수확한다. 오스카의 농장에 10년이 더 지난 나무는 59그

다바오의 방케로한 시장에서 과일 가게를 하는 하메드(21)가 망고와 란소네스를 들어 보이고 있다. 다른 과일들은 매대 위에 수북하게 쌓여 있지만 망고는 거의 수출용으로 팔려나가 정작 현지 시장에서 찾아보기 어렵다. 하메드 뒤로 필리핀 원산인 라카탄 바나나가 매달려 있다.

망고를 길쭉하게 깎아 전통 새우젓에 적어 먹기도 한다.

루. 이 나무들에서 2년에 세 차례, 6톤 정도씩 수확을 한다. 코코넛나무를 베어낸 것은 후회하지 않는다. 오스카가 비료로 쓰이는 닭똥 더미 속에서 지렁이를 보여주며 말했다.

"망고가 코코넛보다 4배는 더 벌어주니까."

민다나오는 열대과일이 자라기에 천혜의 조건을 지녔다. 마닐라가 있는 북부 루손섬이나 관광지인 세부가 위치한 중부 비사야 지역은 6~7월만 지나면 망고가 나지 않으며 태풍이 잦다. 필리핀 동쪽 먼 바다에서 만들어지는 태풍이 비켜가는 유일한 지역이 민다나오다. 이 때문에 6월이 지나면 상인들의 눈은 민다나오로 향한다. 필리핀 망고의 30.4퍼센트가 남한 면적의 민다나오에서 생산된다.

오스카의 망고나무는 아직 꽃을 피우지 못했다. 옆 농장 망고가 주먹만큼 자라 신문지에 싸여 있는 것에 비하면 많이 늦었다. 오스카가 어렸을 때만 해도 해마다 이맘때면 망고나무 아래서 낙엽과 짚을 태우느라 분주했다. 연기를 쐰 나무에서는 금세 꽃대가 올라오는데, 연기 속 에틸렌이 생장을 촉진하기 때문이다. 사과와 다른 과일을 함께 두면 사과의 에틸렌 탓에 과일들이 물러버리는 것과 같은 이치다. 하지만 연기 요법이 늘 망고를 키우는 데에 효과적인 것도 아니었고, 수확한 이듬해 생산량이 급격히 줄어드는 해거리라도 있으면 큰일이었다. 1970년대 초반만 해도 망고는 필리핀의 주요 수출 과일에 끼지 못했다.

🌱 화약 원료가 망고를 꽃피우다

망고가 바나나, 파인애플과 함께 필리핀의 주요 작물이 된 건 발명가 겸 원예가로 유명한 라몬 바르바 덕분이다. 그는 화약의 원료인 질산칼륨을 물에 섞어 망고나무에 뿌리면 꽃대가 올라온다는 걸 알아냈다. 해거리를 하는 망고나무에 질산칼륨 섞은 물을 뿌리면 꽃을 피워 생산량을 높일 수 있었다. 이 발견 덕에 민다나오에서는 망고를 해거리 없이 수확할 수 있게 됐다. 바르바는 그 공로로 2014년 정부로부터 '국민 과학자' 칭호를 받았다.

세계 바나나 산업을 꽉 잡고 있는 미국의 돌Dole 사는 바나나처럼 망고도 대규모 플랜테이션으로 생산하려고 사말섬에 시범 농장을 열었

주먹만 한 망고를 신문지에 싸서 키운다.

으나 문을 닫았다. 꽃 피는 시기를 조절하는 숙제는 풀었지만 묘목을 10년 이상 키우는 게 부담이었다. 망고는 파인애플이나 바나나처럼 1년 새 훌쩍 자라는 식물이 아니기 때문이다. 망고가 익으면 장대 끝에 칼을 달아 열매를 따는데, 나무 높이가 큰 것은 40미터에 이르다보니 인건비가 많이 든다. 오스카의 농장 근처에 있는 주 정부의 망고 연구소에서는 망고나무의 높이를 낮추는 연구가 한창이었다.

마르틴 콤비스타(55세)와 사무엘 다비스(46세)가 마리오 플란테라스(52세)의 농장으로 트럭을 몰았다. 트럭 뒤 물통에 질산칼륨을 풀었다. 어른 가슴께 오는 크기의 물통이 찰랑거리다가 푹 파인 구덩이를 지날 때마다 물을 한 바가지씩 토해냈다.

마리오의 집은 200여 그루의 망고나무로 둘러싸여 있다. 망고나무에 매단 해먹에는 마리오가 누워 있었다. 아들 크리스천(11세)은 나무 사이 볕드는 곳에 놓인 식탁 위에서 숙제를 하고 있었다. 망고나무 뿌리가 튀어나온 곳에 수탉이 묶여 있고, 옆에서 염소가 놀았다. 돼지 세 마리가 나무 밑 진흙 구덩이에서 뒹굴었다. 집 뒤에는 생강과 옥수수밭이 있었다.

사무엘이 농장 입구에 트럭을 세우더니 200미터 길이의 호스를 꺼내들고 농장을 성큼성큼 가로질렀다. 돌 사의 시범 농장에서 일했던 그는 농장이 문을 닫은 2008년부터 퇴직 경찰관 마르틴 밑에서 일하고 있다. 사무엘이 호스를 장대에 감더니 높이 8미터쯤 되는 망고나무를 탔다. 물을 뿌리자 나무 아래서 놀던 닭들이 놀라 푸덕거렸다. 크리스찬은 나무 밑 소를 끌고 나갔고, 농장 주인인 마리오와 아내 조세

클린(46세)은 마르틴 일행이 하는 일을 멀뚱멀뚱 지켜봤다.

마르틴은 "망고나무는 마리오의 것이지만, 망고 열매는 내 것"이라고 말했다. 농장 주인은 마리오이지만 농사를 짓고 관리하는 것은 '스프레이 업자'인 마르틴이다. 가난한 마리오 부부가 망고 농사를 짓기에는 위험 부담이 너무 크다. 수액을 빨아먹는 매미충, 열매에 붙어사는 초파리, 총채벌레 따위의 피해를 막으려면 수정돼 열매가 맺히고 수확하기까지 110일 동안 적어도 8~10번 농약을 뿌려야 하는데 비용이 만만찮다. 민다나오 대학 경영학과 래리 디갈 교수에 따르면 농약 값, 질산칼륨 값, 비료 값이 망고 생산비의 70퍼센트를 차지한다. 농민이 그 돈을 대기도 힘들거니와 판로를 찾기도 쉽지 않다.

🥭 망고 마을의 '큰손'

마르틴은 이 지역 농민들에게 다국적 기업 바이엘, 몬샌토, 듀폰 등에서 만든 농약을 독점 공급한다. 소농들은 스프레이 업자이자 농부이기도 한 그에게 망고 농사를 모두 맡기고 수익을 나눠 갖는 편을 택한다. 마르틴이 소유한 망고 농장은 1헥타르도 안 되지만, 이런 식으로 관리하는 농장은 30헥타르에 달한다. 수확 철에는 일당 280페소 (6650원)에 주민 30~40명을 고용하는 마을의 큰손이기도 하다.

비가 자주 내려 농약이 많이 들거나, 엘니뇨에 시달린 올해 초처럼 고온이 이어져 농사를 망치거나, 망고 값이 폭락하는 등의 위험 부담

마리오네 농장에서 일하는 사무엘이 망고나무
에 올라가 질산칼륨을 섞은 물을 뿌리고 있다.

은 온전히 마르틴이 진다. 남의 배추밭을 몽땅 사들여 농사를 짓게 한 뒤 작물을 파는 한국의 '밭떼기 상인'과 비슷하다. 마르틴은 망고 판매 수익의 75퍼센트를 챙긴다. 나머지 25퍼센트가 마리오의 몫이다. 마리오는 염소고기, 돼지고기, 생강 등을 팔아 번 돈으로 생계를 이어간다.

방케로한은 다바오에서 가장 큰 재래시장이다. 망고 공장 창고에는 상자 수백 개가 쌓여 있어도 정작 방케로완에서는 망고를 찾기가 쉽지 않았다.

열대과일 람부탄과 란소네스를 가득 쌓아놓고 팔던 과일 상인 준(42세)이 "요즘 나온 망고는 너무 비싸서 여기서는 팔지 않는다"고 말했다. 하메드(21세)의 가게로 옮겨가보니 망고 5개가 진열돼 있다. 120페소(2800원)를 주고 3개를 샀다. 하메드는 맛있을 거라며 엄지를 치켜들었지만, 택시기사 빅터(57세)의 말은 달랐다.

"나쁜 망고를 샀어. 곁에 시커먼 점들이 이렇게 많은 것은 사는 게 아니야. 지금 좋은 칼라바우 망고를 구하려면 한국에서 찾는 게 더 쉬울 거야."

한국의 추석 대목이 지나고, 10월이 돼 망고 출하가 늘면 방케로한 시장에서도 구경할 수 있을 거라고 했다.

필리핀은 망고도 유명하지만 한국에 들어오는 바나나의 주요 생산국이기도 하다. 국내에선 보기 힘든 온갖 종류의 바나나가 있었다. 요리용으로 쓰는 사바Saba와 카르다바Cardava 바나나는 짧고 뭉뚝했다. 사바는 튀겨서 설탕을 뿌려 먹거나, 오븐에 구워 버터를 발라 먹는다.

'세계 최고의 맛'으로 평가받는 필리핀 원산의 라카탄Lacatan 바나나도 있었다. 필리핀 사람들은 라카탄을 즐기지만, 해외로 수출되는 대표 품종은 중국이 원산으로 알려진 캐번디시Cavendish다. 농학자 아나스타샤 노타르테(58세) 박사는 "라카탄은 보통 3세대가 넘어가면 수확하기 힘들어지기 때문에 대규모 플랜테이션에 적합하지 않은 탓"이라고 설명했다. 라카탄은 필리핀 바나나의 30퍼센트를 차지하지만 캐번디시는 절반 이상이다.

원래는 캐번디시보다 맛도 더 좋고 크기도 큰 그로 미셸Gros Michel 바나나가 주요 수출 품종이었다. 그로 미셸은 단단해서 배나 기차 화물칸에 던져도 상하지 않았다. 남아메리카에서 발견된 바나나 곰팡이인 파나마병이 퍼지기 전까지 그로 미셸은 완벽한 수출 품목이었다.

세계 최고의 맛으로 평가받는 라카탄 바나나.

1960년대 중반 그로 미셸은 완전히 사라지고, 단단하면서 파나마병에 걸리지 않는 바나나가 그 자리를 대신했다. 그게 바로 캐번디시다. 글로벌 과일 유통 업체인 치키타가 그로 미셸로 성장한 기업이라면, 캐번디시 덕에 세계적인 기업이 된 업체가 '스탠더드 프루트', 지금의 돌 사다.

하지만 캐번디시도 변종 파나마병에 말라가기 시작했다. 필리핀에서는 2006년 다바오의 바나나 농장에서 변종 파나마병이 처음 발견됐다. 노타르테 박사는 "길을 가다보면 중간중간 텅 빈 농장이 나타나는데 그게 다 파나마병 때문에 농장을 불태운 것"이라고 말했다. 파나마병은 땅속에서 뿌리끼리 닿아 전염되기 때문에 한번 발견되면 일대를 모조리 불태워야 한다.

방케로완 시장을 나와 SM몰로 향했다. 화교가 운영하는 대형 쇼핑몰이다. 1층 파라솔 밑에 두리안, 망고스틴, 마랑, 람부탄, 란소네스 같은 제철 과일이 손님을 부른다. 여기서 팔리는 망고는 수출 공장에서 봤던 매끈한 녀석이 아니었다. 점원이 굵은 가시가 박힌 두리안을 칼로 잘라줬다. 아시아가 원산인 망고와 바나나, 아메리카가 원산인 파인애플은 순식간에 세계로 퍼졌지만 두리안은 특유의 냄새 탓에 지금도 원산지를 벗어나지 못하고 있다. 맛은 좋지만 번식이 어려운 망고스틴도 널리 퍼지지 못했다.

중국 시장을 열어준 두테르테

다바오 시청 앞길, 필리핀 '독립의 아버지' 호세 리살(1861~1896)의 동상 앞에서 여성들이 음악을 틀어놓고 춤을 췄다. 민다나오에서 가장 큰 축제 '카다야완Kadayawan'이 열리고 있었다. 카다야완은 '풍성한 삶을 주신 신께 찬양한다'는 뜻의 현지어로, 한 해 동안 망고·파인애플·바나나·두리안 같은 열대과일을 수확한 것에 대한 감사제다.

아침 7시 막사이사이 공원에서 출발한 퍼레이드 행렬은 오전 10시가 넘어서야 시청 앞에 모습을 드러냈다. 민다나오에 사는 부족들이 저마다 전통 의상을 입고 행진했다. 푸른 옷을 입은 바고보 클라타 부족은 전통 악기인 작은 징 소리에 맞춰 몸을 흔들고, 두건과 전통 문

카다야완 축제의 퍼레이드 행렬.

거리 곳곳에서 볼 수 있는 두테르테
스티커.

양을 수놓은 치마를 걸친 방사 이라넌 부족 여성들은 두 팔을 하늘하늘 휘저었다.

'디와타'라는 신이 1년에 한번, 보름달이 뜰 때 지상에 내려오는 것을 기리기 위해 시작한 이 축제는 두테르테가 다바오 시장이던 1988년 민다나오 전역의 행사로 커졌고 카다야완이라는 공식 명칭도 생겼다. 각 부족을 소개하는 트럭에는 두테르테 대통령의 얼굴 사진이 붙어 있었다.

다바오에서 두테르테는 영웅이다. 주민들은 집과 자동차에 두테르테의 사진이나 두테르테의 상징인 주먹 모양의 스티커를 붙였다. 카나야완 퍼레이드를 보러온 사람들은 두테르테 부채를 들었다. 축제에 나온 시민들을 불심검문하던 군인은 팔목에 두테르테 팔찌를 차고 있었다. 시내가 내려다보이는 슈라인 언덕에는 '두테르테 시티'라는 간판이 커다랗게 내걸렸다.

필리핀은 남중국해 스프래틀리 군도(중국명 난사 군도)에서 중국과 영유권을 다투고 있는데 여기에 민다나오의 열대과일이 휘말렸다. 2016년 7월 네덜란드 헤이그의 상설중재재판소PCA가 영유권 분쟁에서 필리핀의 손을 들어주자 중국에서 필리핀 망고 불매운동이 번졌다.

중국 소셜미디어 웨이보에는 "망고가 먹고 싶으면 타이 산을 사 먹자" "필리핀인을 굶겨야 한다"는 글이 무더기로 올라왔다. 전자상거래 사이트 '타오바오'에서는 수입상들이 필리핀 망고 판매를 중단했다. 앞서 중국 정부는 '위생상의 문제'를 들며 필리핀 바나나와 파인애플 수입을 금지했는데, 영유권 문제에서 필리핀을 압박하기 위한 조치라는 분석이 많았다.

두테르테는 2016년 10월 중국을 국빈 방문해 "이제 미국과 작별을 고할 시간"이라며 시진핑 중국 국가주석의 손을 잡았다. 두테르테가 정말 미국과 결별할지는 지켜봐야겠지만 한 가지 확실한 건 두테르테의 말 한마디가 오스카와 마르틴 같은 필리핀 농민들의 근심을 덜어줬다는 점이다. 중국은 바나나와 파인애플 수입 금지 제한을 풀고 필리핀 산 망고 수입을 늘리기로 했다.

민다나오는 '필리핀의 농장'에서 '세계의 농장'이 됐다. 노동집약적인 열대과일 산업은 민다나오의 실업률이 최악으로 떨어지는 것을 막아준다. 무슬림 반군에 일자리를 제공할 목적으로 바나나 농장이 세워지기도 했다.

동시에 열대과일은 필리핀을 옭아맨다. 수출 과일 비중이 높아지다 보니 점점 대규모가 되고, 단작화_{單作化}되고 병충해는 심해진다. 농민들은 농약이나 화학 비료의 힘을 빌릴 수밖에 없다. 바나나·파인애플 산업은 치키타, 돌 같은 글로벌 기업이 선점했으며 농약을 공급하는 다국적 화학 기업들이 이윤을 독차지한다. 세계에 값싼 과일을 공급하는 바탕은 저임금 일용직 위주의 노동 구조다.

중국이 필리핀 과일의 '가장 큰 시장'이라면, 한국은 '가격과 거리를 고려할 때 가장 수익성이 좋은 시장'이다. 필리핀 농무부 보고서에 나온 표현이다. 하지만 한국 망고 시장의 경쟁도 갈수록 치열해지고 있다. 국내 망고 시장 점유율 1위인 필리핀 칼라바우 망고의 자리를 호시탐탐 노리고 있는 건 타이 망고다. 관세청 수출입무역 통계를 보면 2015년 필리핀에서 생망고 5716.5톤이 수입됐다. 타이에서는 5692.7톤이 들어왔다. 타이완(1760.5톤), 베트남(210.8톤), 호주(84.7톤)가 뒤를 이었다.

세계에서 망고를 가장 많이 생산하는 인도까지 경쟁에 뛰어들었다. 한국과 인도 정부가 인도 내 증열처리 공장에 한국 검역관을 상주시키는 데 합의하면서 2016년 7월부터 인도산 망고 수입이 가능해졌다. 인도산까지 쏟아져 들어오면 서울에서 망고 값은 더 싸질 것이다. 필리핀 농민들에게 '한국=수익성 좋은 시장'이란 등식은 옛말이 될 수도 있다. 국내 소비자들은 "가장 달콤한 망고"라는 칼라바우 망고와 "망고의 왕"으로 불리는 인도산 알폰소 망고를 비교해보면서 맛볼 수 있게 됐다.

물론 대가는 감수해야 한다. 필리핀은 망고의 경쟁력을 유지하기 위해 저임금 노동력에 의존하는 시스템을 이어가야 하고, 한국은 국내 과수 산업의 손해를 감수해야 한다. 지금까지의 상황만 보면 한국과 필리핀 정부는 기꺼이 이 대가를 치를 것처럼 보인다.

애플망고의 조상, 인도 멀고바 망고

망고 품종은 수천여 종에 달하며 인도와 동남아시아가 원산지로 알려져 있다. 한국 시장을 삼분하고 있는 망고는 필리핀의 칼라바우, 타이의 남독 마이, 타이완에서 주로 수입하는 애플망고다. 한국 시장에서는 동남아계 망고가 강세이지만, 사실 전 세계에 유통되는 망고의 대부분은 인도계다. 애플망고로 불리는 어원 역시 인도 망고의 손자뻘이다.

인도 망고는 19세기 말~20세기 초 미국 플로리다에서 본격적으로 개량됐다. 1889년 인도에서 알폰소 등 12종의 망고가 연구용으로 플로리다에 들어왔지만 대부분 냉해로 죽었다. 당시 살아남은 망고가 인도 타밀나두 원산의 멀고바였다. 퇴역 군인 존 헤이든은 플로리다 마이애미 농장에 멀고바 개량종을 심었고, 그의 사후 헤이든의 아내는 가장 좋은 열매를 맺은 망고 나무에 남편의 이름을 붙였다. 헤이든 망고는 '플로리다 망고의 어머니'로 통한다. 어윈 망고도 헤이든을 개량해 만들었다. 미국의 리처드 캠벨 박사 등의 2005년 망고 혈통 연구에 따르면, 플로리다에서 상업용으로 개량된 망고 63종 중 45종이 헤이든을 조상으로 뒀다.

미국과 유럽에서 쉽게 볼 수 있는 망고 중 토미 앳킨스라는 품종이 있다. 마찬가지로 헤이든 망고를 개량했지만, 맛과 향이 떨어지고 섬유질도 많아서 식감도 좋은 편이 아니다. 이 망고가 서구 망고 시장을 점령하다시피 한 건 오로지 글로벌 무역 덕분이었다. 토미 앳킨스는 열매가 많이 맺히고 병충해에 강하다. 추위를 잘 견디며 저장 가능 기간도 다른 망고보다 길다. 배편으로 장거리를 이동해도 상품성을 잃지 않는다.

마오쩌둥의 망고

중국에서 망고는 한때 숭배의 대상이었다. 문화대혁명(1966~1976) 당시의 일이다. 류사오치와 덩샤오핑 등에 의해 당과 정부의 실권을 빼앗긴 마오쩌둥은 1966년 부르주아 세력을 몰아내려며 반란을 선동했고 '오로지 마오만을 따르자'며 들고 일어난 홍위병에 의해 권력을 되찾았다. 1968년 홍위병 간에 권력 투쟁이 벌어지자 마오쩌둥은 홍위병을 와해시키기 위해 각 대학에 노동자들로 이뤄진 공선대工宣隊를 보냈다. 이어 '지방으로 내려가 노동자들을 본받으라'며 학생들을 농촌으로 쫓아냈다. 베이징 칭화대에 있던 홍위병들도 1968년 7월 27일 마오쩌둥이 보낸 공선대에 항복했다.

당시 파키스탄 외무장관이 베이징을 방문하면서 마오쩌둥에게 망고 한 바구니를 선물했다. 마오쩌둥은 망고 40여 개가 든 이 바구니를 칭화대에 있는 공선대에 보냈다. 망고를 처음 본 공선대원들은 감격했다. 중국 공산당 기관지인 『런민일보』는 8월 7일자 신문 1면에 이 소식을 전하면서 이례적으로 헤드라인을 길게 뽑았다. "위대한 배려, 위대한 신뢰. 위대한 지원, 위대한 격려. 우리의 위대한 리더 마오 주석의 마음은 항상 대중의 마음과 이어져 있다."

공선대원들은 베이징의 각 공장에 망고를 1개씩 보냈다. 부족한 망고는 밀랍이나 플라스틱으로 만들어 전달했다. 공장에서는 망고를 유리 틀에 넣어 보관했다. 마오쩌둥의 주치의였던 리즈쑤이에 따르면, 베이징의 한 방직 공장에서는 망고를 오래 보관하기 위해 표면을 밀랍으로 칠했다. 망고는 제단 위에 놓였고 노동자들은 망고 앞을 지나갈 때마다 엄숙하게 고개를 숙였다. 망고가 썩기 시작하자 껍질을 벗기고 커다란 통에 망고를 넣고 물을 가득 부은 뒤 끓였다. 리즈쑤이는 "성스런 망고가 담긴 물을 노동자들이 한 스푼씩 마시는 의식이 행해졌다"고 증언했다.

망고는 트럭에 실려 지방을 순회했다. 망고 한 개를 베이징에서 상하이에 있는 공장으로 보내기 위해 비행기를 띄우기도 했다. 망고는 인민에 대한 마오쩌둥의 사랑과 자비의 상징이었다. 접시, 거울, 이불, 배지 등에 망고가 그려졌고, '망고 담배'라는 담배 브랜드가 나왔다. 망고에 대한 비방은 금기시됐다. 쓰촨 지역의 한 치과의사는 유리 상자에 담긴 복제 망고를 보고 "고구마처럼 생겼다"고 했다가 '악의적인 비방'을 한 죄로 처형됐다.

필리핀의 유력 가문

다바오 중심가에는 비센테 두테르테(1911~1968)의 거리가 있다. 로드리고 두테르테 현 대통령의 아버지로 세부주 다나오 시장을 역임하고 다바오로 건너가 1959~1965년 주지사를 지냈다. 마르코스가 집권한 1965년 내각에 들어가 1968년 사망할 때까지 행정 비서관을 지냈다.

지방 검사였던 로드리고 두테르테 대통령은 1986년 필리핀 민주화 운동인 '피플파워' 때 다바오의 부시장이 됐다. 3년간의 하원의원(1998~2001) 시절을 제외하고 1988년부터 줄곧 시장으로 재직했다. 2010년 3선 이상 시장을 할 수 없는 연임 제한에 걸리자 그의 딸 사라가 시장, 자신은 부시장 후보로 출마해 당선됐다. 2017년 다바오의 시장은 사라, 부시장은 아들 파올로다. 두테르테 일가는 3대째 다바오 지역을 꽉 잡고 있지만 사실 필리핀에서 명함을 내밀만큼 유력 가문은 아니다.

필리핀을 뒤흔드는 주요 가문은 식민지 시절 당국의 정책에 협력하며 성장한 토호 세력이 상당수로 이들은 대개 혈연으로 얽혀 있다. 대통령을 배출한 마르코스, 아키노, 아로요 일가도 토호 출신이다. 『워싱턴포스트』는 "필리핀의 민주주의는 마르코스, 아키노, 아로요 등 3대 가문의 끝없는 싸움일 뿐이어서 정당은 존재 의미가 없고 국민은 구경꾼으로 전락했다"고 평하기도 했다.

마르코스 일가는 필리핀 북부 루손섬 일로코스노르테주를 기반으로 한다. '독재자' 페르난디드 마르코스(1917~1989)의 아버지는 일로코스노르테의 하원의원이었다. 변호사였던 페르난디드는 아버지의 정적을 살해한 혐의로 기소됐다가 스스로를 변호해 무죄 판결을 받아내면서 필리핀 전역에 이름을 떨쳤다. 마르코스는 두 차례의 시인혁명인 '피플파워'로 대통령직에서 쫓겨나 1989년 망명지 하와이에서 사망했지만, 마르코스 일가는 여전히 승승장구하고 있다. 대통령궁에 구두 3000켤레를 모아뒀던 아내 이멜다는 현재 일로코스노르테의 하원의원이다. 아들 봉봉과 딸 아이미는 잇따라 일로코스노르테의 주지사가 됐다.

마르코스의 독재에 맞섰다가 암살당한 베니그노 아키노(1932~1983) 상원의원도 루손섬 타를라크 지역의 대지주 아키노 가문에 속한 도련님이었다. 할아버지는 스페인과 미국에 대항한 독립 영웅이었고, 아버지는 일본 통치 하에서 칼리바피라는 친일 괴뢰정당의 수장이었다. 베니그노 아키노는 산미구엘 그룹의 소유주로 유명한 코후앙코 가문 출신의 여성과 결혼했는데, 바로 남편 후광으로 대통령이 된 코라손 아키노(1933~2009)다. 코라손 아키노의 아들 노이노이 아키노도 대통령이 됐다. 글로리아 마카파갈 아로요 전 대통령은 아버지가 필리핀의 9대 대통령이었다.

8
아부다비의 보쌈

2016
09.05-09.09

"쌈은 '랩wrap'이란 뜻이에요. 보쌈은 '뭐든 싸 먹는 음식'이라는 의미죠."

보쌈이 영어를 만났다. 그것도 중동 한복판에서. 9월 6일 오후 아랍에미리트 아부다비 한국문화원에서 열린 한식 요리 교실에 여러 나라에서 온 수강생 15명이 진지한 표정으로 수업을 듣고 있었다. 이날 실습할 요리는 '송아지뱃살 보쌈'과 '백김치 샐러드'였다. 수강생들의 평균 나이는 28.4세. 10대 후반부터 40대까지 골고루 모였다. 케이팝과 한국 드라마 등 한류 문화를 좋아하는 10대 소녀들이 대부분일 거란 예상은 빗나갔다.

아랍에미리트, 예멘, 오만, 이집트 등 중동·북아프리카 출신 10명 외에도 프랑스인 20대 부부와 러시아 출신 30대 주부, 필리핀에서 온 20대 미혼 남성까지 보쌈 요리를 배우러 왔다. 다양한 생김새와 옷차림만 봐도 '국제도시 아부다비'라는 말이 실감났다. 아랍에미리트 인구 590만여 명 가운데 아랍에미리트 국적자 '에미라티Emirati'는 11.3퍼센트로

페르시아만

아부다비

아랍에미리트

사우디아라비아

아홉 명 중 한 명뿐이다. 인도·파키스탄 등 남아시아 출신이 인구 구성의 50퍼센트를 차지한다.

세계 각지의 사람들이 낮아진 경제 장벽을 넘어 중동의 석유 부국으로 몰려들듯, 오늘 우리 밥상 위에도 낮아진 무역 장벽을 넘은 세계의 식재료들이 올라온다. 반대로 우리 밥상 위의 음식과 요리도 세계의 밥상에 오른다. 다국적 다인종이 모여 사는 국제도시, 동시에 '먹거리'에 까다롭다고 알려진 무슬림들의 밥상을 들여다보기 위해 아부다비를 찾았다.

아랍에미리트 아부다비 한국문화원에
서 한식 요리 교실이 열렸다.

🍲 한국 셰프의 요리 수업

요리 수업은 오후 4시 2분에 시작했다. 한국은 한창 일할 시간이지만 아부다비의 관공서나 학교, 기업은 보통 오후 3시면 문을 닫는다. 더울 땐 최고기온이 50도까지 육박하기 때문에 오전 7시에 일을 시작해 오후 3시면 퇴근한다.

이 도시에서는 시내버스 정류장에서도 에어컨 바람이 나온다. 냉방 시설이 갖춰진 육교도 있다. 중앙 냉방을 하는 최신식 건물은 입주자들에게 '장기간 집이나 사무실을 비울 때 냉방을 끄지 말라'고 공지하기도 한다. 언뜻 기름 걱정 없이 전기를 펑펑 쓰는 것처럼 보이지만 건물의 어느 한 곳만 뜨거워져도 벽에 곰팡이가 슬어 빌딩 관리에 애를 먹고 냉방 효율이 더 떨어지기 때문이라고 한다.

사시사철 시원한 아부다비의 근무 시간은 세계 표준과 동떨어져 보인다. 하지만 뜨거운 태양 아래 낙타를 타고 다니던 유목민이 1000년 넘게 이어온 생활문화가 하루아침에 바뀌지는 않는다. 식문화도 근무 시간표에 맞춰진다. 에미라티들은 퇴근 후 늦은 점심을 푸짐하게 먹고 저녁은 가볍게 먹는다. 식당가도 이에 맞춰 메뉴를 준비한다.

올해 들어 다섯 번째 요리 교실을 연 한국 농수산식품유통공사 아부다비 지사는 이날 수업을 3시 30분에 시작한다고 공지했다. 그러나 이날도 어김없이 32분 늦었다. 늦으면 늦은 대로, 참석을 못하면 못하는 대로, 무슬림 특유의 문화인 '인샬라', 즉 '신의 뜻대로'다. 누구 하나 투덜거리지 않았다.

한식 쿠킹클래스에서 두바이 W호텔의 김지훈 셰프(오른쪽에서 두번째)와 세계 여러 나라에서 온 수강생들이 백김치를 만들고 있다.

　요리 교실의 선생님은 자동차로 1시간 30분 거리인 두바이에서 왔다. 두바이 W호텔 아시안 레스토랑 '나무'의 김지훈 수석 셰프였다. '막심 킴'이란 이름으로 활동하는 그는 수업 내내 "간단하죠?" "쉽죠?" "재미있죠?"라는 말을 반복했다. 생소한 한식을 편하게 느끼게 하려는 듯했다. 그러나 수강생들에게 한식은 이미 생소하지 않았다. 인도네시아에서 온 디니(40세)는 위성TV로 본 방송 프로그램 「슈퍼맨이 돌아왔다」에서 보쌈을 보고 꼭 먹어보고 싶었다고 했다. 모로코인 수마이아 아마네(28세)는 보조 셰프에게 "한국 영화에서 본 김튀각을 맛보고 싶다"며 "어디서 구할 수 있나요?"라고 물었다. 관심만 있으면

한식 요리인 백김치 재료들.

웬만한 한식 조리법은 구글 검색으로 쉽게 접할 수 있고 유튜브에도 요리 동영상이 넘쳐난다.

수업은 배추를 절이는 것부터 시작했다. 통배추를 식칼로 갈라 배춧 잎 하나하나에 소금을 뿌린다.

"자, 여기 제가 2시간 전에 미리 절여놓은 배추가 있습니다. 여기서 배운 대로 집에서 만드시면 됩니다."

막심 셰프는 속 재료로 쓸 무, 당근, 피망, 고추를 길쭉길쭉 썰었다. 백김치 국물을 내기 위해 설탕, 소금, 마늘, 양파, 생강, 액젓 등을 믹 서에 넣고 갈았다. 한국에서라면 다진 마늘을 썼겠지만 '손쉬운 한식 요리법'을 가르치는 막심 셰프는 "한 번에 모두 갈아버리세요"라고 알려줬다. 식재료 모두 아부다비의 대형 마트나 한국 식료품점에서 쉽게 구입할 수 있다는 설명도 곁들였다. 요르단 국적의 마나르(21세), 마르완(19세) 남매는 정성스레 속을 넣은 백김치 두 포기를 곱게 말아 밀폐용기에 담았다.

사막의 유목민들에게 요리는 간단해야 했다. 다양한 식재료를 구하기도 어렵고 여기저기 돌아다녀야 했기 때문이다. 비잔틴과 페르시아라는 제국 문명과 만나기 전까지, 척박한 환경에서 살았던 베두인들의 요리 문화는 냄비에 모든 재료를 넣고 끓이거나 양·염소 고기를 통째로 불에 굽는 정도였다.

무슬림의 나라에서 보쌈을 맛보다

다음 차례는 주 요리인 보쌈. 무슬림이 먹지 않는 돼지고기 대신 송아지 고기를 이용했다. 막심 셰프는 "여러 고기 부위를 놓고 실험을 해봤지만, 운동량이 적은 어린 송아지의 뱃살만큼 보쌈고기의 질감에 가까운 음식을 찾지 못했다"고 말했다.

그의 레스토랑에서 110디르함(약 3만5000원)에 파는 송아지뱃살 보쌈의 조리법은 간단했다. 맛을 돋우고 잡내를 제거하기 위해 모든 재료를 솥에 넣고 고기가 잠길 정도로 물을 넣어준 뒤 1시간 30분가량 푹 삶는다. 송아지 고기 1킬로그램, 마늘 10톨, 작은 생강 1개, 양파

송아지뱃살 보쌈을 만들어 선보이고 있다.

반 개, 소금 1티스푼, 후추 1큰술, 된장 1티스푼. 모두 아부다비 슈퍼마켓에서 판다.

미리 삶아놓은 고기는 바삭한 질감을 내기 위해 전기 로스터로 한 번 구워준다. 사막 위에 지어진 아부다비는 소방법이 엄격

아부다비 한식 쿠킹클래스 수강생이 만들어 차려낸 송아지뱃살 보쌈 요리.

하다. 요즘은 바닷물을 담수 처리한 수돗물이 가정에 풍족하게 공급되지만 과거 물이 귀했던 시절의 흔적이 법령에 남아 있다. 이 때문에 음식점에서도 가스 조리 시설을 설치하려면 관청을 들락날락하며 따로 허가를 받아야 한다. 대부분의 가정에서는 가스레인지 대신 전기 조리 기구를 쓴다.

누구보다 진지하게 수업을 듣던 프랑스인 실뱅 제르조(29세)는 한식에 도전하는 게 처음이 아니라고 했다. 에티하드 항공 승무원인 그는 비번인 날마다 요리하는 게 취미다. 도서관에서 세계 요리 책자를 보다가 불고기에 매력을 느껴 집에서 만들어본 적이 있다고 했다. 실뱅은 "요즘은 고소한 참기름이나 간장 같은 동양 소스에 특히 흥미를 느낀다"고 했다.

배추 썰기를 어려워하는 부인 줄리(27세)를 가르칠 정도의 솜씨를 선보이던 그는 차곡차곡 쌓은 깻잎 위에 보쌈 고기를 얹었더니 접시 옆

에 쌈장을 멋들어지게 뿌려 요리를 차려냈다. 서양 요리의 시각적 효과를 보쌈에 접목한 것이었다. 쌈장도 인기였다. 쿠킹클래스 참석이 벌써 세 번째인 러시아의 주부 스베틀라나 지(37세)는 종이컵에 실습용으로 떠놓은 쌈장을 비닐 랩으로 씌워 가방에 챙겨갔다.

수강생들은 완성된 보쌈 요리를 깻잎과 상추에 싸서 서로 먹여주며 품평을 했다. 고기와 채소를 한꺼번에 먹는 한국식 음식에 다들 엄지를 치켜세웠다. 원체 고기를 많이 먹는 중동에서도 아랍에미리트 같은 부유한 산유국 사람들은 갈수록 살이 찌고 있다. 가공식품이 식탁에서 차지하는 비중이 높고 야외활동이 적은 데다, 육체노동이나 가사·육아 등을 이주 노동자들에게 맡기기 때문이다.

이집트 아인샴스 대학 의대가 2016년 8월 발표한 연구 결과에 따르면 세계에서 비만 인구 비중이 높은 10개국 가운데 여섯 곳이 중동·북아프리카 국가였다. 체질량지수BMI 25 이상인 과체중·비만 인구가 전체에서 차지하는 비율은 쿠웨이트가 42.8퍼센트로 가장 높았고, 사우디아라비아가 35.2퍼센트로 그다음이었다. 아랍에미리트도 세 명 가운데 한 명(33.7퍼센트)이 과체중·비만으로 뚱뚱한 나라 순위 6위를 차지했다.

이 나라들에서는 비만으로 인한 고혈압, 고지혈증, 당뇨병 등 성인병 환자가 늘어나면서 '살빼기'가 보건당국의 발등에 떨어진 불이 됐다. 한국중동학회 회장인 김종도 명지대 교수는 "프랑스가 할랄 푸아그라와 무알콜 샴페인처럼 무슬림에 맞춘 식음료로 중동에 진출했듯이, 비빔밥과 김밥 등 채소 비중이 높은 한국 음식도 적절히 변형하면 인기를 끌 수 있을 것"이라고 말했다.

아랍권에서 돼지고기를 아예 찾아볼 수 없는 것은 아니다. 무슬림에게 돼지고기는 하람Haram(금기)이지만 온갖 사람이 몰려드는 아부다비나 두바이에서는 사정이 다르다. 웬만큼 규모가 큰 마트에는 '무슬림이 아닌 사람들을 위한 돼지고기 코너'가 있다.

두바이에 있는 828미터 세계 최고층 빌딩 부르즈 할리파 옆, 세계 최대의 쇼핑몰인 두바이몰에 있는 영국계 마트 '웨이트로즈'에 들렀다. 돼지고기 코너의 입구는 두 사람이 겨우 들어갈 정도로 좁았지만 매장 내부는 한국의 편의점 서너 개는 들어갈 만큼 넓었다. 세계 곳곳에서 수입된 온갖 돼지고기 부위가 진열돼 있었다. 한국에서도 보기 힘든 스페인 산 돼지 귀는 1킬로그램에 20.95디르함(약 6700원), 케냐 산 돼지 족발은 킬로그램당 11.95디르함(약 3800원)에 팔린다. 고기뿐 아니라 햄·소시지 같은 돈육 가공식품, 시즈닝에 돼지고기 성분이 들어간 스낵 종류까지 종류도 다양했다.

🥄 '금커피'와 불닭볶음면

한국에서는 두바이가 화려한 중동 도시의 대명사이지만, 아랍에미리트의 맏형 아부다비를 따라가지 못한다. 아랍에미리트는 '에미르emir'라는 통치자가 다스리는 7개 에미리트의 연합체다. 대통령은 아부다비의 에미르가, 총리는 두바이 에미르가 맡는 것이 관례다. 경제적

순금 가루를 우유 거품
위에 뿌려 호텔 카페에
서 판다.

으로도 아부다비가 이 나라의 주축이다. 아랍에미리트는 하루 산유량 282만 배럴 가운데 250만 배럴을 수출하는 세계 4위의 석유 수출국이다. 그 산유량의 94~95퍼센트를 아부다비가 차지한다.

기름이 거의 나지 않는 두바이는 초고층 빌딩과 금융 허브 건설을 외치며 앞서 달려갔지만 2008년 글로벌 금융위기 때 한 차례 고비를 맞았다. 그때 두바이를 살려낸 것이 아부다비였다. 아부다비의 구제금융으로 기사회생한 두바이는 '부르즈 두바이'의 이름을 완공할 무렵 '부르즈 할리파'로 바꾸는 것으로 상징적인 보답을 했다. 아부다비의 에미르인 셰이크 할리파 빈 자이드 알나하얀의 이름을 딴 것이었다.

두바이를 반면교사 삼은 아부다비는 환경 친화적인 개발, 지속 가능한 성장을 실험하고 있다. 석유의 나라에 국제재생에너지지구IRENA 본부를 유치했고, '탄소 배출 제로'를 표방하는 마스다르 시티도 짓고 있다. 사막이던 거리에는 아름드리 가로수가 심어졌다. 물이 공급되는 호스를 길 밑에 깔아 인위적으로 만든 조경이긴 하지만 삭막한 빌딩 숲만으로는 삶의 질을 높일 수 없다는 생각이 깔려 있다.

이곳에서 일하는 인도·파키스탄 등 남아시아 출신 노동자들이 자조적으로 하는 농담이 있다. 자동차 운전자가 사고를 피할 수 없는 상황에서 어쩔 수 없이 핸들을 꺾어야 할 때 가로수와 낙타와 이주 노동자가 앞에 있다면, 이주 노동자를 치는 게 가장 피해를 적게 보는 방법이라는 것이다. 다음은 낙타, 그다음이 가로수라고 한다. 척박한 땅에서 나무를 키우려면 그만큼 돈이 많이 든다는 뜻이다.

아랍 특유의 화려함을 과시하는 아부다비는 먹거리에서도 사치를 추구한다. 궁전으로 계획됐다가 호텔로 바뀐 에미리츠 팰리스 호텔 카페에서는 24K 순금 가루를 우유 거품 위에 뿌린 '금커피'를 판다. 가격은 50디르함(약 1만6000원). 우유가 아닌 낙타유로 만든 거품을 얹은 커피 '카멜치노'도 인기다.

개발이 한창인 아부다비 외곽 무사파 산업지구를 찾았다. 대형 쇼핑몰인 달마 몰 1층에는 지난 6월부터 문을 연 한국 식품 안테나숍이 있다. 시장에 본격적으로 진출하기 전, 인기 품목을 예측하려고 식품 시식·시음 행사를 자주 연다. 쇼핑몰 복도에 차려진 3.3제곱미터 남짓한 작은 공간이었지만 32종의 제품이 진열돼 있었다.

매장을 지키던 필리핀인 직원 샤리나 아디자스(21세)는 "국적보다 연령대별로 선호하는 식품의 차이가 뚜렷하다"면서 "중장년 남성들은 홍삼 제품에 관심이 많고, 청소년들은 초콜릿 과자를 좋아한다"고 했다. 맵디매운 불닭볶음면을 시식해보고 "더 매운 건 없느냐"고 묻는 사람도 있다. 아디자스가 가장 좋아하는 한국 음식은 떡볶이다.

중동 진출을 노릴 때 무슬림과 할랄만 염두에 둘 일은 아니다. 아랍에미리트 인구 가운데 통계상 미국·유럽·동아시아인이 8퍼센트 정도이지만, 아부다비 시내 식당이나 호텔 로비에서 접한 서비스업 종사자들의 절반 이상은 아디자스처럼 필리핀에서 온 사람들이었다.

한식 쿠킹클래스에도 제리코 디아노(29세)라는 필리핀 남성이 있었다. 두바이에 네 곳, 아부다비에 한 곳의 지점을 둔 퓨전 한식당 '김치킨'의 손님은 80퍼센트가 필리핀 사람이었다. 불고기와플 같은 퓨전 한식과 한국식 양념치킨을 파는 음식점은 한국인이나 에미라티보다 필리피노가 월등히 많이 찾는다고 한다.

안테나숍 진열대 한편에 놓인 젤리에는 돼지 껍질에서 추출한 젤라틴이 포함돼 있다. 아디자스도 "이 부분은 미처 알지 못했다"면서 "한국인 사장에게 보고하겠다"고 했다. 음식뿐 아니라 의약품의 캡슐 등에도 쓰이는 젤라틴은 무슬림들이 민감하게 생각하는 성분이다. 얼굴 주름을 펴주는 보톡스는 전 세계의 많은 노인과 여성의 사랑을 받지만 아랍권에서는 젤라틴 성분이 들어 있다는 소문 탓에 발을 붙이지 못했다.

알아인 저택의 에미라티 밥상

아부다비의 에미라티들은 어떤 밥상을 차려 먹을까. 한류 팬 모임에서 소개받은 고등학생의 집을 찾아 아부다비 에미리트 제2의 도시 알아인으로 향했다. 아부다비 도심에서 동쪽으로 160킬로미터 떨어진 곳이다. 오만과 국경을 맞댄 알아인은 2011년 유네스코 세계유산에 등재된 제벨 하피트 사막공원과 무덤군 등이 있는 유서 깊은 도시다.

길가에는 으리으리한 집들이 즐비했다. 전화로 알려준 주소지를 찾아 가니 건물만 약 700제곱미터인 2층 저택의 문이 열린다. 주차 공간만 5개. 현관에서 집주인의 딸 샤마 파헤드(17세)와 동갑 친구 미라 탈랄, 샤마의 이모 아이샤 모하메드(22세)가 기다리고 있었다.

샤마가 먼저 한국말로 인사를 건넸다.

하리스　코브즈 와라반　카비사

데리드　하리스　떡볶이　김밥

아랍에미리트 아부다비 제2의 도시 알아인에 있는 집에서 현지 음식과 한식으로 만찬상을 차린 술탄 파헤드(왼쪽)와 이웃인 미라 탈랄이 식탁 앞에 서서 식사를 권하고 있다.

"와주셔서 너무너무 고맙습니다. 오래전부터 한국 사람과 이야기하고 싶었어요. 정말 감사해요."

금으로 된 축음기가 옆에 놓여 있는 응접실의 기다란 소파에 앉아 손님을 위해 준비한 식전 '맛보기' 음식을 대접받았다. 참깨가 뿌려진 도넛 같은 루기마트lugimat와 찢어 먹는 얇은 빵 코브즈khobz였다.

호사스런 응접실을 둘러보는데 열두 살 남동생 술탄 파헤드가르 2층에서 뛰어내려왔다. 보수적인 이곳 무슬림은 손님을 맞을 때도 '남녀유별'의 전통이 있지만 외국 손님은 예외라며 여성들이 맞았다. 그래도 동성의 손님을 맞을 사람이 있어야 하기에 술탄이 나온 것이었다. 술탄은 코를 부비는 전통 인사를 한 뒤 커피포트에 든 아랍식 커피를 따라줬다. 커피를 따르는 사람도, 받는 사람도 오른손으로 잔을 맞잡았다. 한쪽 벽면에는 알록달록한 접시들이 걸려 있었다. 가족 여행 때나 아버지의 출장 때 터키 이스탄불, 오스트리아 잘츠부르크, 스페인 세비야, 영국 런던, 이탈리아 로마·밀라노 등에서 사온 것들이었다.

아버지의 직업을 물으니, "비밀"이라고 했다. 정보 기관 같은 곳에서 일한다는 것만 알 뿐 구체적으로 아버지가 하는 일은 잘 모른다고 했다. 30분쯤 지났을까, 또 다른 친구 마리암 아메드가 왔다. 이들은 내년 대학 진학을 앞두고 있다. 한국말 실력이 가장 뛰어난 미라는 "실은 우리 내일 시험이 있어요"라고 했다. "시험은 진짜 싫어요"라며 한숨을 쉬는 모습은 한국의 또래들과 영락없이 닮았다.

저녁 식사가 차려진 식당으로 자리를 옮겼다. 전통 음식인 하리스Harees와 데리드Thereed가 메인 요리였다. 멀리서 온 손님을 배려해 한국

에미라티의 전통 음식인 하리스.

음식도 올렸다. 알아인에서 유일한 한식당 '아카시아'에서 주문한 떡볶이, 김밥, 계란 말이, 나물 반찬. 먹고 싶은 음식을 접시에 떠서 다시 응접실로 가져가 먹는 뷔페식 만찬이었다. 아랍 전통 상차림도 한식처럼 코스 없이 한꺼번에 차려낸다.

하리스는 밀가루와 다진 양고기, 소금을 물에 넣고 푹 끓여 반죽같이 만든 다음 밤새 식혀 만든다. 조리법은 간단하지만 시간이 많이 걸리기 때문에 매일 먹는 음식은 아니다. 식감이 부드러우면서도 입안에서 금방 녹아 무른 술빵이나 푸딩 같은 느낌이었다. 쌀가루와 다진 닭고기를 끓여 좀더 걸쭉하게 만든 닭죽 같은 맛의 하리스도 상에 올라왔다.

하리스는 해가 떠 있는 동안 금식해야 하는 라마단 기간, 저녁식사 때 자주 먹는 음식이다. 부드럽고 순해 낮 동안 비어 있던 위를 자극하지 않기 때문이다. 에미라티들은 결혼식 같은 특별한 날이나 명절인 이드알아드하Eid al-Adha(희생제) 때에도 하리스를 차린다. 어머니가 전날 밤부터 준비해 만들었다고 했다. 감사 인사를 드리고 싶다고 했더니 "어머니는 보수적이라서 남자 손님에게 인사드리기는 어렵다고 하셨다. 맛있게 드셨으면 그걸로 충분하다"는 답이 돌아왔다.

데리드는 큼직하게 썬 닭고기나 양고기에 감자, 토마토, 호박 따위의 야채와 후추와 커민 같은 향신료 가루를 듬뿍 쳐 푹 끓인 음식이다. 인도 커리와 비슷하지만 얇은 빵인 리가그rigag를 층층이 쌓고 사이에 건더기를 넣는 점이 다르다.

밥상은 넓고도 깊다

중세 이전부터 걸프는 인도, 페르시아와 지중해를 잇는 향료 무역의 중심지였다. 음식 문화에도 그 흔적이 고스란히 반영됐다. 한데 모아 푹 끓여 만든 심심한 맛이 나는 유목민 조리법이 향신료를 만나 맛깔스럽게 다시 태어났다. 영국 저널리스트 톰 스탠디지는 『식량의 세계사』에서 "예언자 무함마드도 상인으로 활동하면서 인도양에서 수입된 향신료를 지중해로 운송하는 육로를 따라 시리아까지 여러 번 다녀왔다"고 썼다. 이슬람 문화권에서는 상인을 영예로운 직업으로 여긴다.

상인들의 교류와 이들이 가져온 먹거리를 적극적으로 수용하는 문화는 지금도 이어지고 있다. 인구의 절반인 남아시아 노동자들이 먹는 음식에 들어가는 고수, 계피, 정향, 심황 같은 향신료가 에미라티의 밥상을 더욱 풍성하게 만들고 있다.

식사를 한참 하는 도중에야 이 집에서 혼자 신발을 신고 있다는 사실을 알았다. 검고 긴 겉옷 아바야abaya에 가려져 잘 보이지 않았는데 모두 맨발이었다. 얼른 신발을 벗고 돌아와 "한국 문화와 비슷하다"고 했더니, 샤마는 웃으면서 "사극 드라마에서 봤는데 한국도 예전에는

아바야와 히잡을 착용하고 한식을 먹는 여성들.

여자들이 바깥 나들이할 때 히잡 비슷한 걸 쓰고 다니더라고요"라고 답했다.

논쟁적인 주제이지만 무슬림 여성의 몸을 가리는 옷이 이들을 옭아 맨다고만 보기는 어렵다. 쿠란에서도 여성에게 히잡을 착용하라고 강제하는 것은 아니다. 옷 밖으로 드러나는 손에는 헤나 문신을 새기고, 속옷은 서구 여성들보다 더 화려하게 입는다고 한다.

쇼핑몰이나 거리에서 마주치는 여성들의 히잡은 여러 빛깔이었다. 중동 여성 패션 시장은 이미 샤넬, 돌체앤가바나 등 패션 브랜드에서 무슬림 디자이너를 채용해 만든 화려한 디자인으로 치열하게 경쟁하는 곳이기도 하다. 식품food, 금융finance과 함께 3F로 불리는 패션fashion은 구매력이 높은 중동 지역에 진출하려는 외국 자본의 공략 대상이 된 지 오래다.

10대 후반의 여학생들은 식사 중간에도 스마트폰을 계속 만지작거렸다. 메신저 앱인 스냅챗을 한다고 했다. 기술의 발달이 고유문화를 변화시키기도 하지만 문화에 녹아들기도 한다. 요즘 무슬림이 타는 차량에 설치된 내비게이션에는 이슬람 성지 메카의 방향 '키블라qiblah'를 알려주는 기능이 포함돼 있다.

3시간여에 걸친 만찬이 끝나자 이들은 부쿠르Bukhuur라는 아랍 전통 향을 피웠다. 육식 비중이 높은 음식 문화와 서구인들에 비해 가까이서 대화하는 풍습 때문에 향수 문화도 발달했다.

매일 차려지는 자그마한 밥상 위에는 넓은 세계가 담겨 있다. 그 밥상 아래에는 긴 역사를 이어온 그들만의 문화가 자리잡고 있다. 그 밥상의 깊이를 이해하려는 노력을 하지 않고, 한식 세계화라는 이름 아래 밥상 주변의 이익만을 탐하려 한다면 여러 종교에서 공통적으로 금기시하는 '식탐의 죄'를 범하게 되는 것이 아닐까.

두바이 호텔 셰프가 말하는 한식의 세계화

아랍에미리트 아부다비 한식 쿠킹클래스에 일일 교사로 나선 김지훈 셰프는 '한식의 세계화'에 대해 세 가지 철학을 갖고 있다. '쉬워야 한다' '고정관념을 버리자' '핵심 재료를 살리자'는 것이다. 두바이 W호텔 아시안 레스토랑 '나무'의 수석 셰프인 그는 현지에선 '막심 킴'이란 이름으로 활동하고 있다.

요리 수업에서 '쉽죠?' '간단하죠?'라는 말을 강조한 특별한 이유가 있나.
"이국적인 음식은 만드는 것도, 먹는 것도 쉬워야 통한다고 생각한다. 재료를 모두 넣고 한꺼번에 블렌더에 넣어서 돌리라고 한 것, 반조리된 재료나 슈퍼마켓에서 쉽게 살 수 있는 양념을 쓰라고 말한 것도 그래서다. 한식에 대한 접근성을 높이는 방법이기도 하다."

한식이 다른 나라 문화와 만나면 바뀌지 않을 수 없다.
변화의 방향에 대해 갖고 있는 생각은.
"고정관념을 버릴 필요가 있다. 우리는 밥 따로, 반찬 따로, 국 따로, 고기요리 따로와 같은 식으로 음식을 딱딱 분리해서 생각하는 경향이 강하다. 좋고 나쁨을 판단할 성질은 아니지만 한식 세계화만 놓고 봤을 때는 바뀌어야 할 음식에 대한 편견이다. 프랑스에서는 왕정 시대에 만들어진 고급 요리 스타일인 오트 퀴진haute cuisine이 20세기 중반 이후 누벨 퀴진nouvelle cuisine이란 요리 사조의 비판을 받으며 새로운 고급 요리 문화가 자리잡는 등 변화와 혁명을 거듭하고 있다. '김치는 무조건 밥반찬으로만, 쌈장은 쌈

싸먹을 때만' 이런 게 우리가 갖고 있는 고정관념인 것 같다. 백김치도 샐러드로 만들 수 있고, 쌈장도 소스의 일종으로 상차림에 멋지게 소화될 수 있다고 본다. 우리가 평소에 음식을 먹을 때를 생각해보면 입에 음식을 머금은 채로 쉴 새 없이 새로운 음식을 집어넣어서 변주를 준다. 계속해서 또 다른 맛, 강렬한 자극을 입안에서 만들어내고 있는 것이다. 각자가 입안에서 만들어내는 퓨전 요리를 상차림에서 구현하는 방법도 있다고 본다."

특히 어떤 분야에서 연구가 더 필요하다고 보나.

"혀에서 느끼는 단맛, 신맛, 쓴맛, 짠맛을 제외하고 우리가 느끼는 맛은 대개가 냄새, 즉 풍미에서 나온다. 한식에는 풍미가 좋은 재료가 많고 지금은 그것을 알릴 수단이나 기회가 많은 데도 아직까지 제대로 살리지 못하고 있는 것 같다. 까나리액젓이나 멸치액젓은 동남아시아 여느 나라의 피시소스보다 더 훌륭하고, 천일염은 서양에서 비싸게 팔리는 미네랄 소금에 비해 맛도 더 좋고 가격 경쟁력도 갖췄다. 복분자 식초 같은 재료도 거위간을 구울 때 쓰면 풍미가 좋다. 요즘 세계적으로 유명 셰프들이 관심을 기울이고 있는 발효 음식도 특화시킬 수 있다. 프랑스 파리나 미국 뉴욕의 유명 레스토랑은 별도의 실험실까지 차려 발효 식품을 연구한다. 치즈, 요거트 같은 유제품 이외의 발효 식재료인 간장, 된장, 김장김치 등 우리 음식이 셰프들 사이에 통할 소지도 충분하다고 본다."

아부미의 보양

무슬림과 남녀유별

아랍에미리트 알아인 저택에서 '남녀유별'의 전통대로 한국인 손님을 맞이했던 것처럼 이슬람 국가에서는 남성과 여성이 공간적으로 분리되는 경우가 많다.

매우 보수적인 사우디아라비아에서는 여성에게 운전이 금지돼 있다. 그래서 놀이공원에서 여성들에게 가장 인기 있는 놀이기구가 '범퍼카'라는 마냥 웃지만은 못할 이야기도 있다. 물론 여성들이 범퍼카를 탈 수 있는 것도 남성 이용객들이 놀이공원을 출입할 수 없는, 여성들만 이용할 수 있는 시간대에 한해서다.

세계인들이 몰려드는 국제도시 아부다비와 두바이는 이보다 사정이 낫다. 그러나 남녀유별 공간을 마련하기 위해 사회적 비용이 많이 드는 것은 마찬가지다. 두바이와 아부다비에는 여성 운전자가 몰고, 여성 손님만 탈 수 있는 택시인 '핑크 택시'가 있다. 두바이 메트로(지하철)에는 여성 전용 칸이 있고, 버스도 앞 좌석 일부는 여성 좌석으로 지정돼 있다.

이처럼 교통수단에까지 남성과 여성을 분리시키는 정책이 최선이라고 할 수는 없다. 사회적 차별이나 배제로 해석될 수 있기 때문이다. 하지만 한국에도 밤길 안전을 위해 여성 전용인 '핑크 택시'를 도입하자고 주장하는 단체도 있다. 지하철 여성 전용 칸 도입도 자주 등장하는 이슈다. 아랍에미리트에서 운영 중인 핑크 택시 등은 비록 종교적인 맥락에서 나온 정책이긴 하지만 종교와 무관하게 그 나라의 사회적 상황에 따라 선택할 수 있는 문제. 한국에 늘고 있는 여성 전용 헬스클럽도 아랍에미리트에서는 이미 수십 년 전부터 있어왔다.

그러나 남녀유별이 확실한 이슬람 세계도 급속도의 기술 발달로 인한 변화의 조짐이 엿보인다. 메신저 앱 스냅챗이 특히 무슬림 여학생들에게 뜨거운 호응을 얻고 있는 이유는 따로 있다. 스냅챗에는 사진이 저장되지 않기 때문이다. 메신저에 등록된 친구가 전송한 메시지나 사진을 확인하면 1~10초 동안만 볼 수 있다. 그래서 여학생들이 스냅챗을 통해 친구끼리 히잡을 벗어 제치고 치렁치렁한 머리카락을 맘껏 보여줘도 '뒤탈'이 없다.

9

데잠마의 씨앗

|

2016
08.23-08.27

인도 남서부 카르나타카의 마이소르 평야는 모내기가 한창이었다. 6~8월 바르샤(몬순) 동안 내린 비로 카베리강 수위가 높아지면서 댐들이 때맞춰 물을 방류했다. 필자를 안내한 아킬레시(26세)가 유행가를 흥얼댔다. 택시 기사는 지역 방언 칸나다 말로 따라 불렀다.

"누가 너희를 먹이는가. 우리가 당신들을 먹인다네. 인류 문명은 어떻게 탄생했나. 바로 우리가 만들었지."

1983년 영화 「카마나빌루Kamanabillu(무지개)」에 소개돼 인기를 얻은 '쟁기질 하는 사람들'이라는 노래다. 노랫말은 카르나타카의 시인 쿠벰푸의 시에서 따왔다.

택시는 카베리강을 따라 달렸다. 논과 사탕수수밭이 펼쳐졌다. 힌두 신화에서는 벼락과 전쟁의 신 인드라가 거인족 아수라와 싸울 때 물의 여신 카베리가 인드라를 도왔다고 전한다. 인드라가 이기면 풍요와 평화가 오고, 아수라가 이기면 빈곤과 재앙이 온다. 인도인들은 이 평야를 마주할 때마다 인드라에게 승

리를 안겨준 카베리를 찬양했다.

 인도는 1970년대 개량 종자와 화학 농법을 도입한 '녹색혁명'의 모범 국가였다. 1970년 이후 30년 동안 인도의 곡물 생산량은 곱절 이상 증가했다. 하지만 카베리의 축복으로 여겨졌던 녹색혁명의 풍요는 사실 아수라가 내린 재앙이었다. 농민들은 글로벌 생명공학 회사의 종자와 농약이 없이는 농사를 지을 수 없게 됐고, 빚에 허덕이기 시작했다. 1993년부터 2003년까지 농민 10만 명이 자살했으며 지금도 매년 수천 명이 목숨을 끊는다. 인구의 17퍼센트인 2억 명이 굶주리지만 인도는 전 세계에 쌀과 밀을 수출하는 식량 공급 기지이기도 하다. 세계가

크리슈나파가 모내기를 끝낸 자신의 논에 서 있다.

마주하는 농업의 모든 문제가 이 나라에 집결돼 있다.

녹색혁명과 세계화의 최전선에 내몰린 인도 농민들은 저항하는 법을 배우고 있다. 글로벌 종자 회사 카길과 화학 기업 몬샌토에 맞선 싸움을 주도한 것도, 세계무역기구와 자유무역협정에 반대하는 소농들의 연대를 이끈 것도 인도 농민이었다. 그들을 만나기 위해 8월 23일 인도를 찾았다.

🌱 농사를 지을수록 쌓이는 빚

농업혁명이 막 시작된 1975년, 한국의 고등학교 1학년에 해당하는 10학년을 마친 레찬나(57세)는 호사말랑기 마을에서 농사를 지었다. 1980년대 중반 마을 부근에 저수지가 생기고 물길이 만들어졌다. 집집마다 전해지던 토종 종자는 사라지고, 글로벌 종자 회사의 고수확 종자가 땅에 뿌려졌다.

"젊었을 때만 해도 우리 세대는 과학의 수혜를 받았다고 생각했어."

레찬나가 말했다.

고소득 종자는 물을 많이 먹고, 화학 비료와 특정 농약이 필수다. 수확 뒤 채종해 다시 심으면 열매가 잘 달리지 않아 다시 종자를 구입해야 한다. 그러니 농사를 지을수록 빚은 쌓여갔다. 몬샌토의 유전자 조작 목화 종자를 구입했다가 빚더미에 앉아 자살하는 농민도 생겼다. 가뭄은 점점 잦아졌다. 엘니뇨 때문이라고 했다. 결국 레찬나는 "생태

적으로, 경제적으로 지속 가능하지 않은 화학 농법을 버렸다." 2000년
대 초반의 일이다.

그는 5.3헥타르의 땅에서 200여 종의 '샬리shali(벼)'를 재배한다. 둘
째 아들 요기샤(21세)가 올해 수확한 벼 이삭을 바닥에 늘어놨다. 벼
의 발상지는 인도다. 길쭉하고 찰기 없는 인디카Indica와 한국에서 자라
는 짧고 찰진 자포니카Japonica 품종은 모두 인도 벵골의 자생종인 '오리
자 니바라Oryza Nivara'라는 야생 벼에서 파생됐다.

'뎀바샬리'는 잎에 검은빛이 돌았고, '칼라지라'는 낟알이 검었다.
'카기샬리'는 밥을 하면 짙은 갈색을 띠는데 산모들이 먹으면 젖이 많
이 나온다고 했다. '아내 네르말라에게 바치는 마드렐리 농민 샹카르
고다의 쌀'이라는 뜻의 'N.M.S' 품종도 꺼냈다.

마이소르의 평야에서 여성 농민들이 모내기를 하고 있다.

그중에서도 가장 귀한 쌀은 '샤스티카 샬리'다. 500여 종의 생약을 다룬 기원전 6세기에서 기원전 3세기 사이에 나온 의학서적 『차라카 삼히타』가 소개한 붉은 쌀이다.

"고서에는 심장병에 특히 좋다고 적혀 있는데 아예 사라진 줄로만 알고 있었다. 그런데 케랄라 주 농부들 사이에서 이 종자가 전해지고 있더라."

얼마 전에는 이 종자를 심고 싶다는 시모가 지방 농부에게 종자를 우편으로 부쳐줬다. 농민들은 종자 1킬로그램을 빌리면 다음 수확기에 2킬로그램으로 갚는다.

요기샤가 벼 이삭을 치우더니 이번에는 아주까리, 조, 오크라 등을 펼쳤다. 칸나다어로 '홍게', 힌두어로는 '카라냐'라 부르는 검은 씨앗은 기름을 짜서 살충제로 활용한다. 습진·상처·가려움·여드름 같은 피부질환에도 쓴다.

수백 종의 종자를 모두 구경하다가는 밤을 새겠다는 걱정이 앞설 즈음 아내 라제시와리(42세)와 여동생 샤라담마(52세)가 저녁 식사를 내왔다. 이웃집 라비와 사촌동생 사티슈쿠마르(46세), 요리사이지만 집에서는 전혀 요리를 하지 않는다는 조카 나테샤가 묽은 삼바르Sambar를 밥 위에 붓고 손으로 비볐다. 삼바르는 온갖 채소와 렌틸콩, 코코넛파우더 등을 넣고 만든 스프다. 후식으로는 소젖에 코코넛파우더를 넣어 만든 달콤한 파야삼Payasam이 나왔다. 모두 그의 농장에서 나온 재료들로 만든 것이다.

🍵 알렉산드로스 대왕에게 전해준 설탕

마이소르에서 옆 도시 만디야로 가는 길, 쿠마르(21세)가 에투 두 마리에 사탕수수를 한 가득 실었다. 농장에서 수확한 사탕수수를 8킬로미터 떨어진 설탕 공장으로 옮기는 길이다. 그 뒤로 사탕수수를 끄는 또 다른 에투 무리가 보였다. 에투는 인도에서 수레를 끄는 데 많이 쓰는 소다. 비쩍 마른 소의 몸통에 영양의 뿔처럼 생긴 흰 뿔이 달렸다.

꾸마르가 에뚜 두 마리에 사탕수수를 싣고 설탕 공장으로 향하고 있다.

사탕수수의 원산지는 남태평양의 뉴기니 섬이지만, 세상에 사탕수수의 존재를 알린 건 인도다. 기원전 326년 그리스의 알렉산드로스 대왕이 인도 원정을 갔을 때 그리스군은 처음으로 사탕수수를 목격했다. 알렉산드로스의 수하인 네아르쿠스 장군은 고향에 돌아가 "인도에서 자라는 갈대는 벌의 도움 없이도 꿀을 만들어낸다"고 전했다. 인도 사람들은 사탕수수를 씹어 단맛을 보는데 산스크리트어로 '달콤한 조각'을 '칸다Khanda'라 불렀다. 이 말은 유럽에서 사탕을 뜻하는 '캔디 Candy'의 어원이 됐다.

만디야 굴루르도디 마을에 사는 크리슈나(48세)는 4헥타르의 땅에 일곱 종류의 사탕수수를 심어 키운다. 크리슈나의 아내 만줄라(34세)가 커피를 내왔는데 심심한 단맛이 났다. 설탕 대신 '벨라bella(원당)'를 넣었다고 했다. 사탕수수는 시간이 지나면 마르기 때문에 여느 작물과 달리 바로 가공해 원당이나 설탕을 만든다. 크리슈나는 사탕수수를 설탕 공장에서 가공하지 않고, 동네주민 시다파(60세)가 운영하는 재래식 가공장인 알레마네에 가져간다. 시다파는 사탕수수를 잘게 잘라 즙을 내고, 솥으로 끓여 결정을 만든다. 350년경 굽타 왕조 시대 인도인들이 개발한 방식 그대로다. 크리슈나는 "설탕 공장보다 알레마네가 값을 더 후하게 쳐준다"고 말했다.

시다파가 토막을 낸 사탕수수대를 착즙기에 집어넣었다. 작은 수수대에서 1리터 정도의 즙이 나왔다. 시다파가 사탕수수즙을 흰 천에 거른 뒤 한 잔씩 돌렸다. 사탕수수 재배에는 물이 많이 들어간다. 이번 몬순 철에는 비가 충분히 와서 사탕수수 농사가 잘 됐지만, 올 초만

졸인 사탕수수 원액은 나무 틀에 넣어 식힌다.

사탕수수액을 졸여 만든 벨라(원당).

해도 가뭄이 심해 마을 전체에 농사를 지을 물이 부족했다.

동네에서 물을 가장 적게 쓰는 크리슈나의 사탕수수밭은 가뭄 피해가 적었다. 크리슈나는 나무줄기와 수수대를 밭에 묻어 물을 머금게 했다. "이렇게 하면 필요한 물의 양이 4분의 1로 줄어든다"고 했다. 그루터기를 남기고 수수대만 잘라 수확하는데, 그루터기에서 다시 자란 것을 열 차례 베어낸 뒤에는 밭을 뒤엎고 콩을 심는다. 돌려짓기다. 콩은 필수 영양소인 질소를 땅속에 고정시켜준다. 양과 염소 배설물을 뿌려 땅의 힘을 키운다. 크리슈나의 밭에서는 장마철을 제외하고 두 달에 한 번씩 7톤의 유기농 원당이 나온다. 크리슈나는 70종의 벼와 잡곡도 함께 재배한다. 섞어짓기다.

인도는 브라질에 이어 세계에서 두 번째로 설탕을 많이 생산하는 나라다. 인도산 설탕은 내수용으로 팔리거나 중국, 미얀마로 수출된다. 대규모로 경작하다보니 가뭄이라도 들면 피해가 이만저만이 아니다. 플랜테이션을 하는 대농장에서는 가뭄이 들면 지하수를 파서 사탕수수밭에 물을 댄다. 이 때문에 농민들과 주민들이 쓰는 공동 우물이 마르는 일이 잦다. 전통 농법인 돌려짓기와 섞어짓기는 사라지다시피 했다.

땅을 가진 대지주와 설탕 공장은 중앙 정부와 주 정부의 농업 정책에 깊숙이 관여해 입김을 행사하곤 한다. 크리슈나는 "설탕 회사들이 정부에 로비를 해 사탕수수 농사에 보조금을 지급하도록 하다보니 사탕수수 농장이 늘어나고 있다"고 말했다. 이 과정에서 벼와 채소를 키우던 농민들은 대지주가 만든 사탕수수, 목화 플랜테이션 농장의 일꾼으로 전락한다. 다국적 농업 기업에 종자와 비료 값을 내다가 빚에 몰려 몰락한 소농들이 그런 저임금 농업 노동자가 되는 것이다.

🍵 카베리강의 물 전쟁

반누르 마을에 사는 크리슈나파(46세)의 논에는 방금 내린 빗물이 자박자박하게 차 있었다. 빗물을 받아쓰는 천수답이다. 물길을 깊게 파고 카베리강의 물을 받아쓰는 이웃 논은 복숭아뼈가 잠길 정도로 물이 가득했다. 크리슈나파는 가뭄에 강한 토종 벼를 심는다. 그는 "전통 방식으로는 물을 이렇게나 많이 쓰지 않았다. 옛 농사법을 알지 못하는 이웃들은 오히려 내게 미쳤다고 손가락질을 한다"고 했다. 크리슈나파는 이웃들에게 이렇게 말한다.

"만디 툼바 니루, 에데 툼바 살라(물이 발목까지 차면, 빚은 가슴까지 찬다)."

여신이 준 풍요의 강물은 탐욕의 상징이 됐다. 카베리강 상류의 카르나타카와 하류의 타밀나두는 서로 자기네 주가 물을 더 많이 써야 한다며 분쟁을 벌였다. 타밀나두 농민연합이 1983년 카르나타카주 주정부에 물을 더 방류하라고 소송을 내면서 시작된 법적 분쟁은 대법원까지 갔다. 법원의 결정에 의해 '카베리강 분쟁조정 재판소'까지 만들어졌지만 33년이 지난 지금도 분쟁은 계속된다. 물 분쟁으로 1991년 카르나타카주의 주도인 벵갈루루에서 폭동이 일어나 타밀나두 사람들이 쫓겨났고, 타밀나두에서는 카르나타카 사람들이 공격을 받았다. 2006년에는 유명 배우 라즈쿠마르가 납치됐는데 당시 납치범은 "타밀나두에 강물을 더 흘려보내라"고 요구했다.

인도에서 화학 농법으로 생산된 첫 쌀이 수확된 것은 1968년이었다. 1969년에는 필리핀에 본부를 둔 국제미작연구소International Rice Research Institute(IRRI)가 '기적의 쌀'이라고 부른 품종이 도입됐다. 그리고 벼의 수확량이 갑자기 네 배로 뛰었다. 그러려면 관개를 해야 했으나, 물길을 파는 데에는 시간과 돈이 많이 든다. 농민들은 너나없이 빨리, 값싸게 팔 수 있는 우물을 팠다. 관개를 해도 토양의 염분이 땅 위로 올라오는 염화가 진행되면 땅을 못 쓰게 된다.

부메랑은 고스란히 돌아왔다. 1970년대까지 7~30미터만 땅을 파도 우물에 물이 솟구쳤는데, 화학 농법과 함께 물은 점점 줄어들었다. 과학자들에 따르면 인도 밀의 60퍼센트와 쌀의 50퍼센트가 생산되는 곡창지대 펀자브주는 주요 작물인 밀과 쌀을 재배하는 지역에서 지하수위가 연간 3미터씩 낮아졌다. 지금은 땅속으로 300미터를 넘게 파야 물이 나오는 곳도 있다. 예전에는 몬순이 한 달 이상 지속되었지만, 지금은 10~15

크리슈나가 사탕수수에 졸인 사탕수수액을 묻혀 먹어보길 권하고 있다.

일로 줄었다. 크리슈나파는 "녹색혁명 이후 사람들은 댐을 더 지었고, 살던 사람은 내쫓겼고, 강을 서로 차지하려고 싸웠고, 환경문제는 심해졌다"고 말했다.

　크리슈나파는 16년 전부터 논 뒤편 작은 언덕에 코코넛, 아르카넛, 바나나, 커피, 글리리시디아, 후추, 오렌지 등을 심었다. 다양한 작물을 같이 심고 재배 환경을 야생 숲과 유사하게 만들어 작물이 야생의 힘을 회복하도록 한다. 한국 농민들 사이에서 『짚 한 오라기의 혁명』이란 책으로 잘 알려진 일본의 소농 후쿠오카 마사노부의 '자연 농법'이다. 은행 빚에 시달리는 인도 농민들은 '돈 안 드는 농법Zero-Budget Farming'이라고 부른다.

크리슈나파가 소똥과 오줌으로 만든 비료를 숲에 뿌리고 있다.

암루타 부미에는 곳곳에 금잔화가 심어져 있다.

5미터 간격으로 야자의 일종인 아르카넛 네 그루를 심고, 그 안에 커피나무 두 그루와 땅속에 질소를 공급하는 글리리시디아 나무 두 그루를 키운다. 덩굴식물인 바닐라를 심어 글리리시디아를 타고 오르 도록 하고, 나무 아래에는 후추와 생강, 강황 등을 키운다. 5헥타르 면 적의 언덕 전체가 이런 방식으로 조성됐다. 그가 하는 일은 소똥 10킬 로그램, 소 오줌 10리터, 콩가루 2킬로그램, 원당 2킬로그램, 흙 한 줌, 물 200리터를 섞어 발효시킨 친환경 액체 비료를 매일 아침, 점심, 저 녁마다 숲에 뿌리는 것이다.

카르나타카 소농들은 어깨에 녹색 수건을 걸친다. 인도 최대의 농민 단체 카르나타카농민연맹Karnataka Rajya Raitha Sangha(KRRS)의 표시다. 농민연맹은 크리슈나파와 레찬나 같은 소농들을 위해 남부 혼다라발루에 '암루타 부미Amrutha Bhoomi(영원한 지구)'라는 이름의 농업학교를 세웠다. 현대 과학기술의 부작용으로부터 지구를 살리고, 미래를 위한 농업을 이어가자는 취지다. 레찬나의 큰 아들 아빌라시(22세)는 이곳에서 토종 벼 종자를 이용한 농사법을 연구하고 있었다. 바산타(31세)는 채소밭 곳곳에 금잔화를 심었다. 해충이 금잔화의 향기를 싫어한다고 한다.

🌱 여성 농민들이 뿌린 씨앗

인도 중부 텔랑가나주 메다크 지역은 데칸고원 한가운데 자리하고 있다. 한 줌 손에 잡힌 빨간 흙이 알알이 부서졌다. 건조하고 양분이 많지 않아 수수나 조 같은 잡곡을 주로 심는다. 메다크의 마치누르 마을은 인도에서 가장 천대받는 '달리트Dalit'로 이뤄진 마을이다. 달리트는 브라만, 크샤트리아, 바이샤, 수드라로 나뉘는 힌두교 4가지 카스트 계급에도 포함되지 못하는 불가촉천민이다. 녹색혁명 직후 이들은 소작료를 인상하고 농사지을 토지를 배분하라며 달리트 운동을 시작했다. 1983년 마치누르와 주변 75개 마을의 달리트가 모여 데칸개발협회DDS라는 조직을 만들었다.

마치누르 마을에서 데잠마(45세)를 만났다. 데잠마는 1.2헥타르의 땅에 농사를 짓는다. 0.4헥타르에는 24~25종의 작물을 심었다. 데잠마는 "가족을 위해 우리에게 필요한 거의 모든 종류의 잡곡을 심는다"고 말했다. 나머지 0.8헥타르에는 칸둘루Kandulu(비둘기콩)를 심었다.

"요즘 칸둘루가 가격이 좋지. 세 배나 올랐거든."

칸둘루의 변종을 함께 심었다.

수확한 종자는 햇볕에 말려 재와 섞은 뒤, 방충 효과가 있는 님Neem 나무 잎을 넣어 다음 파종기에 쓴다. 데잠마는 잡곡 사이사이에 공구라도 심었다. 무궁화과 나무인 공구라는 버릴 게 없다. 줄기로는 옷감을 짜고, 잎으로는 '공구라 파푸Gongura Pappu'라는 스튜를 만든다. 빨간 꽃은 결혼한 인도 여인들이 이마에 빨간 점을 찍을 때 사용하기도 한다.

인도는 여성의 조혼이 만연하다. 부유한 남성으로부터 돈을 받고 어린 딸을 시집보내는 부모도 있다. 여성은 재산을 물려받을 수 없고 땅을 소유할 수도 없다. 인도에서 가장 핍박받는 계급이 모여 사는 이 마을도 처음에는 이와 다르지 않았다. 데잠마는 이웃한 사톨리 마을에 살다가 열 살 때 남편의 고향 마치누르에 왔다. 학교는 다니지 못했다. 얼굴에 솜털도 다 빠지지 않았을 열네 살 때 어머니가 됐다. 지금은 세 딸과 아들 하나, 아홉 명의 손주가 있다.

마을이 바뀐 건 데잠마와 같은 마을 여성들이 '상감Sangham'이라는 데칸개발협회 의사결정 기구에 대거 참여하기 시작하면서다. '공동체'라는 뜻인 상감은 주변 마을의 농사일과 조직 내 대소사를 결정한다.

데잠마와 동서 부잠마가 밭에서 재배한 잡곡들을 들어 보이고 있다.

마을 라디오 방송국의 프로듀서 겸
기술자 겸 작가인 나르삼마.

이웃과 함께 쓰기 위해 토종 종자를 모으고, 친환경 농사를 짓는다. 땅이 없는 달리트 농민들을 위해 공동 경작지를 조성했다. 달리트 여성 농민들은 글로벌 종자 회사, 정부, 상위 카스트, 남성들이 만들어낸 농업시스템이 자신의 삶을 구속하도록 허락하지 않았다.

마을 안쪽 붉은 돔 모양 건물의 '파차살라Pacha Ssale (녹색학교)'에 15명의 남녀 아이들이 모여 있었다. 지역 언어인 텔루구Telugu를 배우는 시간이다. 5학년 니로니카(12세)가 칠판에 적힌 글씨를 읽었다.

"남자와 여자는 평등합니다."

"거짓말하면 안 돼요."

1학년 니루바(6세)가 대단하다는 듯 니로니카를 바라봤다. 평일 오전 9시 30분에 1교시가 시작해 오후 4시 15분에 6교시 수업이 끝난다. 이곳에서 아이들은 10학년까지 공부한다. 조혼 풍습은 사라지는 추세이고 이곳의 젊은 여성들은 대안학교 덕분에 학력이 높다. 데잠마도 늦은 나이에 이곳에서 글을 배웠다.

마을에는 '비타날루Vittanalu (종자) 은행'이 있다. 은행장과 부은행장 모두 여성이다. 은행장 센드라마(60세)와 부행장 락슈마마(50세), 아니샴마(45세)는 주변 밭에서 좋은 종자를 보면 밭주인과 흥정해 사들인다. 다른 마을에서 시집온 여성들로부터 종자를 얻기도 한다. 모두 85가지 종자가 보관돼 있다. 종자를 보관하는 큰 항아리는 '페다굼미 Pedda Gummi'라고 부른다. 이 항아리에 종자를 넣고 소똥으로 밀봉해 3년간 보관한다. 물이 귀한 이 지역에서 주민들이 가장 많이 빌려가는 종자는 파차존나Pachajonna (수수), 사자Sajja (수크령), 코라Korra (조) 세 종류다.

상감은 농작물을 시세보다 10퍼센트 더 비싸게 수매해서 시장에 내다판다. 시내에는 친환경 매장과 유기농 전문 식당을 만들었다. 상감 구성원들에게는 사업 자금도 지원한다. 상감은 한국의 농협이 맡은 자금 지원과 농산물 유통 등의 차원을 뛰어넘어 주변 지역의 농산물 생산량과 가격, 마을 사업 등을 결정하는 농업회의소 역할까지 하고 있었다.

나르삼마(35세)는 상감 라디오 방송국의 프로듀서 겸 작가이자 엔지니어다. 방송국은 1999년 상감에서 "마을 이야기를 서로 나누자"며 추진됐고 2008년 10월 15일 '마을 여성의 날'에 맞춰 첫 전파를 탔다. 방송사 직원의 90퍼센트가 마을에 사는 여성이다. 나르삼마는 8살에 결혼할 뻔했다. 집에서 도망쳐 이 마을에 정착했다. 마치누르 녹색학교에서 10학년을 마치고 상감의 지원을 받아 방송 기술을 배웠다. 스물다섯 살이 되던 해에는 보험사 직원과 결혼했다. 지금은 일곱 살 딸과 네 살 아들을 둔 엄마다.

방송국 반경 20킬로미터 안에 있는 마을 주민들은 나르삼마의 열혈 청취자들이다. 사람들이 집에 모여 있는 저녁 7시부터 9시까지 마을 뉴스, 주민들의 편지, 음악, 요리 프로그램을 내보낸다. 가장 인기 있는 방송은 '주민들의 편지'다. 사실 편지보다는 전화가 더 많이 오는데, 이날은 "우리 집 물소가 사라졌다"는 전화가 방송을 탔다.

소농의 길 '비아캄페시나'

땅에 뿌리내린 인류의 초창기 직업은 농민이었고, 농업은 인류의 지혜와 생존법이 담긴 학교이자 박물관이자 생업이었다. 국제노동기구ILO 추산에 따르면 전 세계 노동력의 3분의 1은 여전히 농업에 종사한다. 일을 하는 아이들의 70퍼센트는 농업에 동원된다. '세계 인구 여섯 명 중 한 명은 중국의 농민'이라는 통계도 있다. 인도처럼 개발이 진행 중인 나라에서는 농업이 여전히 나라의 생명줄이다. 인도의 국내총생산에서 농업이 차지하는 비중은 17퍼센트에 그치지만 여전히 인도 노동력의 절반인 49퍼센트는 농민이다.

거대 기업, 그들의 로비로 움직이는 정부, 거대 기업과 결탁한 대지주에 맞선 소농들의 연대 조직 '비아캄페시나Via Campesina(소농의 길)'는 인도 농민운동이 단초가 됐다. 카르나타카 농민연맹이 인도 종자 시장을 노리는 글로벌 기업 카길에 맞서 1992년 12월 방갈로르의 카길 사무실을 점거했는데 이는 세계무역기구의 농산물 시장 개방 움직임과 맞물리면서 농민 50만 명이 참가한 자유무역 반대 시위로 번졌다.

농민연맹을 이끌던 고故 난준다스와미 박사 등의 주도로 1993년 세계 소농 단체들의 연합인 비아캄페시나가 만들어졌다. 지금은 세계 73개국에 회원 단체를 둔 글로벌 기구로 발전했다. 한국의 전국농민회총연맹(전농)과 전국여성농민회총연합(전여농)도 비아캄페시나에 가입돼 있다. 카리브해의 최빈국 아이티의 '파파야 농민운동'부터 농업대국 미국의 '전국가족농연합'까지, 전 세계 농민단체들이 함께 '식

마치누르 녹색학교에서 뗄루구어 수업 중이던 학생 15명이 모여 앉았다.

량 주권'을 외친다.

2016년 11월 각국의 비아캄페시나 활동가들은 유엔 기후변화협약 당사국총회COP22가 열리는 모로코 마라케시에 모여 시위를 벌였다. 도널드 트럼프 미국 대통령 당선자가 집권 뒤 파리기후협약에서 탈퇴하겠다고 한 발언에 반대하기 위해서다.(2017년 6월 트럼프는 실제로 파리기후협약 탈퇴를 결정했다.) 선진국과 개발도상국 모두에 온실가스 감축을 의무화한 파리협약은 지구 환경에는 좋지만, 석유에 기반을 두고 대규모 농업 시스템을 지향하는 글로벌 농화학 기업에는 재앙과도 같

시다파가 자신이 운영하는 알레마네에서 사탕수수즙을 솥에 끓인 뒤 나무통에 옮겨 담고 있다.

은 일이다.

　기업의 힘은 세계 어디에서나 거칠 것이 없어 보인다. 농민의 손에 쥐여진 것은 한 줌의 흙과 씨앗뿐이다. 농민들이 씨앗과 먹거리와 환경을 지켜낼 수 있을까. 카르나타카 농민연맹 여성분과 위원장 난디니 자야람이 말했다. "우리는 연대하는 법을 알았고, 우리의 목소리를 낸다. 산업자본가들이 만드는 규칙에 균열을 내고 일방적인 흐름에 제동을 건다. 우리는 세상을 조금씩 변화시키고 있다."

인도에도 백반이 있다?

　한국에 백반이 있다면 인도에는 '탈리Thali'가 있다. 큰 쟁반에 다양한 음식을 담아먹는 인도의 식사법이기도 하고, 쟁반 자체를 일컫기도 한다. 쟁반 한가운데에는 쌀밥이나 인도식 빵 같은 주식이 담긴다. 탈리에 담기는 둥글고 넓적한 빵은 주로 '로티Roti'다. 산스크리트어로 '빵'을 뜻하는 '로티카'에서 유래됐는데, 비슷한 모양의 플랫브레드인 '난Naan'과 달리 발효시키지 않은 것이 특징이다.

　인도에서는 쌀밥에 '달Dhal'을 섞어 먹는다. 부드럽게 삶은 콩에 각종 야채를 넣어 만든 멀건 국으로, 한국으로 치면 김치, 된장국처럼 밥 먹을 때 빠져서는 안 될 반찬으로 꼽힌다. 한국인들에게 친숙한 일본식 카레와는 달리, 인도에서 카레는 고기나 각종 채소에 향신료를 넣어 끓인 요리를 총칭하는데, 달 역시 묽게 만든 카레다. 카레라는 말 자체도 인도 동남부의 타밀어로 '소스'라는 뜻을 가진 '카리Kari'에서 왔다.

　달 외에도 처트니Chatni(과일과 채소에 향신료를 넣어 만든 걸쭉한 소스), 삼바르Sambar(렌틸콩에 채소와 향신료를 넣은 매콤하고 되직한 스튜), 라삼Rasam(토마토, 칠리 고추 등을 함께 끓인 묽은 수프), 다히Dahi(걸쭉한 요거트) 등이 카토리Katori라는 작은 용기에 담겨 함께 나온다. 탈리 쟁반과 카토리는 금속 재질로 만들어진 것이 주로 사용되는데 학교 식당의 스테인리스 식판처럼 보이기도 한다.

　탈리로 식사할 때는 밥을 나눠 그 위에 커리, 스튜, 다히 등을 붓고 손가락으로 조금씩 섞어 먹는다. 키치디Kichidi(귀리 등으로 만든 죽), 라두Ladoo(수수가루, 밀가루 등으로 만든 공 모양의 달콤한 디저트), 파파덤

밥상 위의 세계

Pappadum(녹두나 렌틸콩으로 반죽을 만들어 납작하고 둥글게 구운 과자) 등도 탈리 위에 놓인다. 지역에서 생산되는 곡물 등이 저마다 다르기 때문에 지역마다 탈리에 포함시키는 음식에는 조금씩 차이가 있다. 다만 인도의 어떤 지역이든 탈리에는 단맛, 짠맛, 쓴맛, 신맛, 톡 쏘는 맛, 매운맛 등 여섯 가지 맛이 모두 담긴다.

인도의 식사법이자 쟁반인 탈리

암베드카르의 '달리트', 간디의 '하리잔'

인도 최하층 신분인 달리트는 마을의 공공 우물을 사용할 수 없고, 힌두 사원에 들어갈 수 없다. 힌두 사상에서 브라만·크샤트리아·바이샤·수드라 등 4가지의 카스트 계급 안에 포함되지 못하는 사람은 접촉하면 안 되는 더러운 불가촉천민으로 여겨지기 때문이다. 이런 카스트 제도에 정면으로 대응한 사람이 1920년대부터 시작된 달리트 해방운동을 주도한 인권운동가이자, 인도 헌법을 초안한 법학자 빔라오 람지 암베드카르(1891~1956)다. 그 역시 달리트였다.

암베드카르는 1927년 1만 명의 달리트를 이끌고 달리트도 공공 우물을 사용하게 해달라며 시위를 벌였다. 힌두교 마누법전을 태워 구덩이에 묻기도 했다. 1930년에서 1932년 사이에는 달리트의 힌두 사원 출입 금지 철폐운동, 여성 교육운동, 달리트와 여성의 참정권운동을 벌였다. 1947년 인도 독립 후에는 헌법기초위원장, 법무장관을 지냈고 헌법 제정에 중요한 역할을 했다. 덕분에 인도 헌법에는 "종교, 인종, 카스트, 성별, 출생을 근거로 차별받지 않는다"는 조항이 명시됐다. 암베드카르는 인도 하층민 사이에서 '바바(바바사헤브)'라고 불린다. 선생님이란 뜻이다.

'위대한 영혼(마하트마)'으로 불린 모한다스 카람찬드 간디(1869~1948)는 달리트 해방운동에 반대했다. 간디는 카스트 제도 등 힌두교의 기본 골격을 유지하는 일이 인도를 지키는 것이라고 믿었다. 암베드카르를 비롯한 불가촉천민들이 스스로를 일컬어 달리트라고 불렀다면, 간디는 이들을 하리잔Harijan이라 칭했다. 신의 아들이란 뜻이다. 정호영의 책 『인도는 울퉁불퉁하다』가 소개한 간디의 어록을 보면, 1933년 간디는 "카스트를 철폐

세상 아의 세계

하는 것은 힌두 종교를 파괴하는 것이다. 카스트와 싸울 것은 없다. 나는 카스트 제도가 가증스럽고 사악한 도그마라고 믿지 않는다. 그 안에 한계와 결점이 있다. 그러나 그보다 죄 없는 것은 없다"고 했다. 달리트 해방운동이 거세지자 간디는 카스트 제도를 유지하되 카스트 안에 하리잔을 편입시키고 힌두 사원 참배를 허락하는 방안을 제안했다.

달리트 해방운동은 1967년 서벵골 낙살바리에서 마오이즘의 영향을 받아 시작된 농민 저항운동인 '낙살반군', 1970년대 높은 교육을 받은 도시 거주 하층집단의 운동인 '달리트팬더', 1984년 달리트들이 주축이 돼 만든 정당 조직 대중사회당BSP, 1980년대 중후반 국제사회의 압력을 통해 인도 정부가 달리트 처우를 개선토록 한 달리트 국제화운동 등 지속적으로 이뤄져왔다. 그러나 인도 사회에서 달리트에 대한 차별은 여전하다.

F1 종자와 터미네이터 종자

'콩 심은 데 콩 나고 팥 심은 데 팥 난다'는 말은 개량 종자에서는 통하지 않는다. 시장에서 청양고추를 구입한 뒤 씨앗을 채종해 텃밭에 심어도 청양고추가 나지 않는다. 대신 크기도 다양하고 맵기도 천차만별인 고추가 자란다. 청양고추는 제주산 고추와 타이 산 고추를 교배해 만든 잡종인데, 이들 고추의 특성이 모두 나타나는 것이다. 껍질이 얇고 생산성이 좋은 대학찰옥수수도 채종해 다시 심으면 전혀 다른 옥수수가 나온다.

청양고추나 대학찰옥수수 등은 순종과 순종을 교배해 만든 잡종 1세대(F1)다. 잡종 1세대에서는 부모가 가진 유전 특성 중 우성만 나타난다. 멘델의 법칙 중 우열의 법칙이다. F1 종자는 생육이 왕성하고 수량이 많고 특성이 균일하다. 한국인이 먹는 대부분의 채소 종자가 F1이다. F1 종자를 다시 심어 수확한 F2 종자에서는 숨어 있던 열성 형질이 나타나게 된다. F2는 변이가 많고 생산량도 F1에 비해 떨어진다. 농민들이 종자를 채종하지 않고 매년 종묘상에서 구입하는 이유다.

과거 육종 방식이 주로 잡종강세를 이용한 F1 품종 육종 방식이라면, 1990년 중반 이후 새로운 개량 종자를 만드는 방식으로 떠오른 것이 유전자 조작이다. 유전자 조작으로 만든 종자는 F1종자와 달리, 채종해 심어도 개량된 성질이 다시 발현되기 때문에 상품성을 유지하기 위해서는 2세대에서 싹을 틔우지 않는 기술이 필요했다.

미국 농무부와 종묘 회사인 델타 앤 파인랜드 사는 1994년 유전자를 조작해 불임 종자를 만드는 기술을 개발했는데 이른바 터미네이터 종자라 불린다. 이 기술로 만들어진 종자는 처음 한 번은 발아하지만, 수확한 종자로 파종하면 종자를 파괴하는 단백질이 작용해 싹이 트지 않는다.

몬샌토 사는 1999년 터미네이터 기술을 사용하지 않겠다고 선언했고, 2007년 델타 앤 파인랜드 사를 인수한 이후에도 같은 입장을 고수하고 있다.

10

북극의 방주

2016
09.16-09.18

노르웨이의 스발바르 제도는 지구상에서 가장 메마르고 척박한 곳이다. 땅 전체의 60퍼센트가 빙하다. 북위 74~81도인 이곳에서 1300킬로미터를 더 가면 북극이다. 스발바르의 중심지 롱위에아르뷔엔은 10월 26일부터 다음해 2월 15일까지 해가 뜨지 않는다. 빛이라고는 눈에 부딪치는 달빛뿐이다. 인류는 이 영원히 녹지 않는 어두운 땅 깊숙이 '미래'를 묻어두었다. 씨앗이다.

빵과 쌀, 술과 담배, 기름과 향신료, 연료, 옷감까지 씨앗이 틔운 문명은 우리 삶의 '거의 모든 것'이다. 이런 씨앗이 어느 날 사라진다면? 그래서 지구에 어떤 재앙이 닥쳐도 씨앗을 보호할 수 있는 창고가 만들어졌다. 세계 각국 정부, 연구 기관, 유전자은행 등에서 보내온 종자 88만여 종이 스발바르 국제 종자저장소에서 깊은 겨울잠을 자고 있다. 전 세계 1750곳 종자저장소의 최후의 보루로, 세계 중요 작물 종자 3분의 1이 이곳에 보관돼 있다. 기독교 성서에서 대

사람이 사는 가장 북쪽에 있는 마을, 노르웨이 스발바르 제도 스피츠베르겐 섬 룽위에아르뷔엔에 자리한 스발바르 국제 종자저장소의 입구가 눈 덮인 사암산 '플라토베르게트' 중턱에 삐죽 나와 있다. 저장소는 지구에 닥칠 만일의 재앙에 대비해 전 세계 씨앗의 3분의 1을 영구동토 깊숙이 보관하고 있는 유전자원 최후의 보루다. 입구 위 정면과 지붕은 노르웨이 예술가가 만든 공공 예술작품 '영속'으로 장식돼 있다. 스테인리스스틸, 거울, 프리즘으로 돼 있어 여름에는 북극의 빛을 반사하고 겨울에는 연결된 광섬유가 녹색, 터키색, 흰색으로 빛난다.

홍수 때 노아의 가족과 동물이 탄 배에 비유해 현대판 '노아의 방주'라
고 불리는 이유다. 밥상의 근원인 씨앗을 찾는 여정의 마지막 목적지
가 스발바르였던 건 그래서였다. 한국 언론 최초로 스발바르의 종자저
장소를 찾았다.

영하 18도씨의 씨앗 창고

밀가루 450킬로그램, 곡식가루 50킬로그램, 청완두 30킬로그램, 커
피 20킬로그램, 고다 치즈 14킬로그램, 마카로니 15킬로그램, 말린 자
두와 건포도 각각 12킬로그램.

스발바르 종자저장소 가는 길.

롱위에아르뷔엔의 식당 '크루아'에는 전설적인 북극곰 사냥꾼 힐마르 뇌이스가 1929년 동료 사냥꾼 세 명과 함께 겨울을 나는 데 필요한 물품을 적어놓은 목록이 장식으로 걸려 있다.

지구상에서 사람이 사는 가장 북쪽 동네의 겨울은 혹독했다. 배를 타고 본토 노르웨이를 오가던 시절 바다가 얼면 이곳은 완벽히 고립됐다. 이듬해 봄 바다가 녹아 다시 보급선이 오가기 전까지 버티기 위한 월동 식량은 필수였다. 1975년 롱위에아르뷔엔에 공항이 생기면서 힘겨운 월동은 사라졌다. 기후 변화로 이제 롱위에아르뷔엔 앞 아드벤트 피오르덴은 얼지 않는다.

지난 9월 16일 낮 12시 롱위에아르뷔엔 공항 활주로에 내려섰다. 자그마한 공항 건물에 들어서자 이방인을 가장 먼저 맞아준 것은 수화물 찾는 곳 한가운데 서 있는 하얀 북극곰 모형이었다. 털모자를 눌러 쓴 50대 남성이 다가와 말을 걸었다. 공항에서 만나기로 한 북유럽유전자자원센터NordGen(노르젠)의 오스문 아스달(59세) 박사였다.

아스달 박사는 센터가 관리하는 스발바르 국제 종자저장소의 코디네이터다. 씨앗을 받아 보관하는 일 전반을 관리하고 외부 방문자를 맞는 일도 한다. 그는 이곳에 일 년에 5~7번 온다. 저장소에는 상주 직원이 없다. 저장소 가동을 맡은 국영 시설 관리 회사인 스타츠뷔그 직원만 일 년 내내 머문다.

아스달의 차를 타고 흙길을 천천히 달렸다. 그가 손으로 공항 뒷산을 가리켰다. 유심히 보니 나무도, 녹색도 없는 암갈색 민둥산의 중턱쯤 작은 회색 점이 보였다.

"저기가 저장소예요."

공항이 바로 내려다보이는 곳에 저장소를 지은 건 씨앗 운송 시간을 가능한 한 줄이기 위해서다.

구불구불 도로를 따라 10분 정도 산을 오르자 회색점이 점차 커졌다. 산에서 삐죽 나와 있는 네모난 상자 모양의 큰 시멘트 구조물이 나타났다. 저장소의 입구다. 산 윗부분은 평평한 고지대다. 그래서 고원이 있는 큰 바위라는 뜻의 '플라토베르게트Platåberget'라는 이름이 붙었다. 말 그대로 산 전체가 큰 사암 덩어리다. 씨앗을 보관하기 위해 암반을 뚫고 120미터 깊이의 굴을 팠다. 저장소는 맨 안쪽에 있다. 산 밖으로 드러난 입구는 산 속에 묻힌 거대한 저장소의 작은 일부일 뿐이다.

저장소 앞에 서자 입구 위쪽에서는 주기적으로 '윙' 하는 소리가 들렸다. 환기 시설이 저장소 온도를 늘 차갑게 유지하기 위해 공기를 밖으로 빼내는 과정에서 나는 소리였다. 아스달 박사가 열쇠를 꺼내 굳게 닫힌 철문을 열었다.

소행성 충돌에도 버틴다

저장소까지 가려면 세 개의 문을 지나야 한다. 첫째 문 앞에는 파란 헬멧과 방한복이 놓여 있었다. 한겨울이 되면 천정까지 온통 얼음으로 뒤덮이기 때문에 꼭 안전모를 써야 한단다. 방명록에는 이곳을 다녀간 인사들의 이름이 적혀 있었다.

첫째 문을 열자 내리막길이 쭉 뻗은 긴 복도가 나타났다. 복도 앞부분은 '스발바르 튜브'라 불리는 골판지 모양의 쇠로 된 원통이다. 저장소를 가장 안전한 곳에 만들기 위해 사암 암반층 바로 아래에 됐는데 이 암반층으로 접근하는 통로다. 저장소는 입구보다 1.5미터 낮다. 저장소를 지을 때 규모 6.2 강진까지 견디는 내진 설계를 했고, 그보다 큰 지진이 나도 이 천연암반층이 지켜주게 돼 있다. 설계를 할 때 기본적으로 지각활동이 적은 곳을 고르기도 했다. 핵무기 공격과 소행성 충돌까지 염두에 두고 설계됐다. 해수면보다 130미터 위에 있어 빙하가 녹아도 물에 잠기지 않는다.

튜브를 지나 복도 끝 오른쪽에 작은 사무실이 자리하고 있다. 책상

얼음으로 덮힌 씨앗창고 앞.

두 개와 의자, 캐비닛, 종자에 관한 사항을 기록하기 위한 작은 컴퓨터 하나가 전부였다. 사무실 왼쪽 벽에는 벤트 스코우만 박사를 기리는 동판이 박혀 있다. 덴마크 식물학자 스코우만은 2003년 노르젠의 전신인 북유럽유전자은행Nordic Gene Bank 을 이끌면서 저장소 설립을 지휘했으나 개관을 불과 열 달 앞두고 뇌종양으로 숨졌다.

둘째 문에 다가서니 공기가 부쩍 차가워졌다. 손잡이 부근에 성에가 끼어 있다. 아스달 박사가 "카메라를 안으로 갖고 들어가면 나와서는 한동안 렌즈에 김이 서려 있을 테니 지금 사진을 찍으라"고 귀띔을 해줬다. 문이 열리자 넓은 굴과 저장소 3개의 출입문이 나타났다. 가동 중인 한 곳의 출입문은 온통 하얗게 성에로 덮였다. 저장소는 씨앗이 발아하는 것을 막기 위해 늘 영하 18도씨로 유지된다. 천재지변으로 전기가 끊겨도 암반층 안은 영하 3.5도씨의 자연 냉동 상태가 이어진다고 한다.

씨앗 창고에 들어섰다. 냉기가 온몸에 스며들었다. 입구 위쪽 냉각팬이 끊임없이 찬바람을 들여보내, 체감온도는 영하 18도보다 더 내려간다. 창고 내부는 단순하다. 길이 27미터, 너비 10미터 암석 동굴에 열 칸으로 나뉜 철제 선반이 일곱 줄로 늘어서 있다. 종자는 산소와 물기를 제거하고 세 겹으로 특수 밀봉된 봉투에 담긴 뒤 플라스틱 상자에 넣어져 철제 선반에 차곡차곡 쌓인다.

저장소는 약 80퍼센트가 찼다. 창고가 다 차면 두 번째 저장소를 연다. 지난 10월 18일에는 보스니아·헤르체고비나 바냐루카 대학, 싱가포르의 테마섹 생명과학연구소Temasek Life Sciences Laboratory 등 아홉 곳으로부터 씨앗 상자 25개가 도착했다. 이것들을 더해 창고에 보관된 종자는 모두 88만837종. 저장소는 품종 하나당 씨앗 500개씩 최대 450만 종까지 보관할 수 있다. 전 세계 유진자은행에 보관된 씨앗 전부의 2배가 넘는 용량이다.

🥄 유일한 나무 상자의 주인은

이곳에 오는 방문객이면 누구나 카메라를 들이대는 붉은 상자가 있

스발바르 국제 종자저장소를 관리하는 북유럽유전자원센터의 오스문 아스달 박사가 한국 농촌진흥청
농업유전자원센터에서 보내온 종자 상자를 들어 보여주고 있다.

다. 북한의 것이다. 독특한 외양 때문인데 이곳에서 유일한 나무상자다. 타이완에서 보낸 녹색 플라스틱 상자와 나란히 놓여 있다. 조선민주주의인민공화국을 뜻하는 'DPR of Korea'가 쓰인 나무상자 여섯 개에 번호가 매겨져 있다. 한국도 농촌진흥청 농업유전자원센터가 2008년 6월, 9월에 토종 보리, 참깨, 콩 등 30종의 씨앗 1만3185점을 이곳으로 보냈다. 파란 플라스틱 박스 윗면에는 나라 이름과 함께 태극기가 붙어 있다.

저장소의 문턱은 높지 않다. 운송비만 있으면 씨앗을 보낼 수 있다. 국가, 연구 기관, 비영리 단체가 주요 '의뢰인'이다. 그러나 한번 닫힌 저장소의 문은 쉽게 열리지 않는다. 이곳에 보낸 씨앗은 똑같은 종의 씨앗이 먼저 자체 유전자은행에 안전하게 보관돼 있어야 한다. 여기는 보존하던 씨앗을 잃어버려 원형을 찾을 수 없게 됐을 때 마지막으로 도움을 요청하는 곳이다.

저장소는 금고를 관리할 뿐, 씨앗의 주인은 맡긴 국가나 연구소다. 그래서 저장소 측도 맘대로 상자를 열어볼 수 없다. 유전자 변형 종자는 들어올 수 없다. 차가운 온도로 씨앗이 자라지 못하게 막지만 아스달 박사는 "씨앗이 얼마나 오래갈지는 사실 아무도 모른다"고 했다. 이 때문에 각국 유전자은행은 5년마다 씨앗의 활력을 점검해야 한다. 발아하기 힘든 종자를 새 종자로 바꾸면서 이곳에도 바꾼 종자를 보내줘야 한다.

지금까지 저장소는 딱 한 번 열렸다. 지난해 9월 시리아 알레포의 국제건조지역농업연구센터ICARDA가 저장소에 SOS를 쳤다. 알레포가 있던 '비옥한 초승달 지대'는 인류 역사상 농경이 가장 먼저 시작된 곳으로 유전자원의 보고다. 알레포 유전자은행에는 128개국에서 온 밀, 보리, 렌틸콩, 잠두를 비롯해 종자 15만 종이 보관돼 있었다.

그러나 내전이 벌어지면서 2012년 반군이 알레포 남쪽 32킬로미터 떨어진 곳에 있던 이 센터의 연구실과 유전자은행을 장악했다. 연구센터는 2012년 모든 인력을 철수시키고 레바논 베이루트로 본부를 옮겼다. 반군이 유전자은행은 파괴하지 않았지만 은행에 보관된 씨앗을 옮겨오거나 접근할 수는 없게 됐다.

결국 알레포 은행과 동일한 쌍둥이 은행을 만들기로 했다. 스발바르에 똑같은 종자들이 대부분 보관돼 있었기 때문에 가능한 일이었다. 이곳에 맡겼던 종자 3만8073종이 배에 실려 레바논과 모로코로 향했다. 지난달 29일 레바논 테르볼과 모로코 라바트에 총 13만5000종을 보관할 수 있는 자매 은행이 문을 열었다.

저장소의 냉각시스템은 롱위에아르뷔엔에 하나 남은 석탄발전소에서 만든 전기로 돌아간다. 미지의 탐험지, 북극곰 사냥터였던 스발바르는 20세기 말 탄광촌으로 변모했다. 1906년 미국의 탄광 회사가 이곳에 가장 먼저 진출했다. 롱위에아르뷔엔은 이 회사 사주인 존 먼로 롱이어의 이름에서 나왔다.

10년 후에는 노르웨이 국영 광산 회사 SNSK가 들어왔다. 땅주인이 없던 스발바르에서 석탄이 대거 발견되자 쟁탈전은 더 치열해졌다. 1925년 스발바르 협약이 체결됐다. 스발바르를 노르웨이 땅으로 인정하되 협약에 가입하는 나라는 누구나 자유롭게 연구활동이나 기업활동을 할 수 있도록 했다. 한국은 2012년, 북한은 2016년 3월에 가입했다.

산타클로스의 탄광

노르웨이 국영 광산 회사는 한때 롱위에아르뷔엔에서 7개 탄광을 운영했지만 1970년대 석탄 경기가 급격히 하락하자 7호 탄광을 뺀 모든 탄광이 문을 닫았다. 생산되는 석탄의 30퍼센트는 마을에 필요한 전기를 대고 나머지는 독일로 수출된다. 롱위에아르뷔엔은 수력발전을 하는 노르웨이에서 유일하게 석탄으로 전기를 만들어 쓰는 곳이다. 저

20세기 초반 롱위에아르뷔엔 탄광촌에서 일하던 광부들의 모습이다. 롱위에아르뷔엔 박물관에 사진이 보관돼 있다.

장소 바로 근처 탄광은 작업복을 입고 헬멧을 쓰고 광부의 삶을 체험해보는 박물관이 됐다. '산타클로스 탄광'이라 불리는 탄광도 있었다. 이곳 부모들은 아이들에게 "저 탄광 안에 산타클로스가 산다"는 얘기를 들려준다.

1984년 북유럽유전자은행은 스발바르의 탄광에 눈을 돌렸다. 인적이 끊기고 영구동토 깊숙이 파 들어간 폐탄광이야말로 씨앗을 보관하는 데 안성맞춤이었다. 300개 종, 2000개 품종의 씨앗 1만 개가 보관된 저장소가 만들어졌다.

그 후 20년 넘게 학자들은 이곳에 '세계의 저장소'를 만드는 것을 꿈꿨다. 하지만 돈이 없었고 종자 보관과 교환에 관한 규칙도 없었다. 그러다 2004년 유엔 식량농업기구FAO 주도로 7년의 협상 끝에 '식물유전자원에 관한 국제협약International Undertaking on Plant Genetic Resources'이 만들어졌다. 유전자원에 모두가 접근하고 모두가 혜택을 누릴 수 있도록 한 다자간 협약이 처음 이뤄진 것이다. 세계은행이 저개발국 식량 안보를 위해 만든 국제농업연구자문그룹CGIAR은 스발바르에 국제저장소를 만들어달라고 노르웨이 정부에 요청했다.

그해 10월 노르웨이는 이탈리아 로마에서 열린 식량농업기구 국제회의에 '스발바르의 조건이 적합하다'는 검토 의견을 전달했다. 노르웨이가 건설 비용 4500만 크로네(약 66억 원)와 시설 유지비를 대기로 했다. 운영비는 세계작물다양성재단GCDT이 맡기로 했다. 이 기구는 미국 빌&멜린다 게이츠 재단과 여러 부자 나라에서 기부를 받아 돈을 마련했다. 씨앗을 포장해 배송할 돈이 없는 나라나 기구도 지원한다. 2006

년 6월 19일 노르웨이, 스웨덴, 핀란드, 덴마크, 아이슬란드 총리가 스발바르에 모여 초석을 놓았다. 1년 반의 공사를 거쳐 2008년 2월 28일 저장소가 문을 열었다.

아스달 박사에게 물었다. 노르웨이는 왜 이런 '좋은 일'을 하느냐고. 그는 "노르웨이가 국제사회에 하는 일종의 기여"라면서, 노르웨이처럼 작은 나라가 국제사회에서 목소리를 낼 수 있는 힘이라고도 했다. 세계 각국이 '중립적'인 노르웨이라면 귀중한 씨앗을 잘 맡아줄 것으로 믿었다는 점도 강조했다. "미국이나 러시아 같은 큰 나라가 이런 일을 하겠다고 했다면 성사되지 않았을 것"이라며 "노르웨이는 부국이든, 빈국이든, 서방 국가든, 사회주의 국가든 모든 나라와 좋은 관계를 유지하고 있다"고 말했다. 무엇보다 스발바르는 전쟁이 일어날 일이 없다. 스발바르 협약은 이곳에서 군사 행동을 금지하고 있다.

한국 농업유전자원센터도 기존 종자은행을 확대해 2006년 스발바르 저장소처럼 영하 18도의 저장 시설을 만들었다. 이곳은 기온이 높고 인프라가 열악한 아시아 저개발 국가를 대상으로 한다. 2016년 11월에는 필리핀, 라오스, 인도네시아, 키르기스스탄 등 아시아 4개국에서 씨앗 2000점을 받았다.

🥄 씨앗은 '문명'이다

잉카 제국을 멸망시킨 스페인 프란시스코 피사로 군대의 배를 타고 안데스에서 유럽으로 건너온 감자는 보리로 연명하던 유럽을 굶주림에서 해방시켰다. 메소포타미아 문명이 낳은 바퀴는 신대륙에서 온 고무를 만나 산업을 굴리는 타이어가 됐다. 멘델이 엄청난 유전의 비밀을 풀어낸 열쇠는 작은 완두콩 씨앗이었다.

지구는 1억 년 이상 버섯, 고사리 같은 포자·양치식물이 지배했다. 그러나 지금은 식물의 90퍼센트 이상이 종자식물이다. 한 식물학자의 표현을 빌면 "씨앗은 어린 식물체가 도시락과 함께 상자 안에 들어 있는 것"이다. 작은 씨앗에 집약된 강력한 삶의 에너지 덕에 인류는 문명

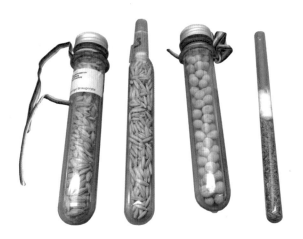

스발바르 국제 종자저 장소 사무실에 놓인 씨앗 견본들.

을 시작했다. 가장 흔한 씨앗 작물인 곡물은 사람이 밥상에서 얻을 열량의 절반을 책임진다. 세계 곡물의 3분의 1은 동물을 먹여 살려 사람의 육식을 떠받친다.

씨앗 없는 삶은 존재할 수 없다. 출근길에 산 아메리카노와 베이글, 회의 자료가 인쇄된 A4용지, 점심 메뉴인 비빔밥에 올라온 당근과 콩나물과 시금치, 하얀 쌀밥, 고추장과 참기름, 저녁 회식 자리 생선회 옆 상추와 간장과 겨자, 호프집에서 시킨 생맥주 한잔, 집에서 편히 입는 면 잠옷 모두 씨앗에서 나온다.

스발바르의 저장소가 생기기 이전부터 각국은 토종 종자를 보관하기 위해 유전자은행을 세우려 애썼다. '씨앗 금고'인 유전자은행은 녹색혁명으로 곡물 생산이 급증하던 1970~1980년대에 곳곳에서 만들어졌다. 농부들이 오랜 세월 경험과 지혜로 남겨온 토종 종자는 글로벌 생명공학 기업과 육종 업체가 만든 개량종보다 생산량은 떨어지지만 끈질긴 저항력과 적응력을 갖고 있다. 하지만 농부들은 고수익을 위해, 때로는 등 떼밀려 너도나도 토종 종자를 버리고 개량종을 택했다. 이대로 가면 씨앗을 영원히 잃을지 모른다는 위기감이 생겨났다.

씨앗은 한번 잃어버리면 복원할 수 없다. 당장 먹거리도 문제지만 문화유산과 역사를 고스란히 잃는 것과 같다. 다양한 토종 씨앗을 간직하는 것은 미래의 기후 변화와 병충해, 전염병에 대비하는 최선의 방책이다. 유전자 변형 식물이나 특정 개량 품종은 신종 전염병이 돌면 한순간에 멸종될 수도 있다. 그때 원형이 남아 있지 않다면 먹거리의 종말이 올지 모른다.

유전자은행을 만들었다고 안심할 수 있는 건 아니다. 가장 큰 위험은 시리아 내전 같은 전쟁이다. 1977년 시리아 알레포에 유전자은행이 세워진 건 레바논 내전을 피해서였다. 지금은 시리아 내전을 피해 다시 레바논으로 옮겨갔다. 아프가니스탄, 부룬디, 르완다 등 내전을 겪은 나라의 유전자은행 종자들은 유실되거나 포화에 망가졌다.

천재지변도 늘 도사리는 위험이다. 2011년에 타이 유전자은행이 홍수로 침수됐을 때 벼 종자 2만 종이 사라졌다. 필리핀 유전자은행은 2006년에 일어난 홍수에서 살아남았지만 2012년에 불이 나 파괴됐다. 씨앗의 중요함은 당장 눈에 보이지 않는다. 형편이 어려워지면 가장 먼저 타격을 받는다. 2011년 10월 파산 위기에 몰린 그리스 정부는 허리띠를 졸라 매기 위해 농업 분야 기관 네 곳을 통폐합했다. 세계 밀 종자의 3퍼센트를 갖고 있던 그리스 유전자은행에는 직원 한 명만 남았다.

2006년에는 멕시코 텍스코코에 위치한 국제 옥수수·밀 개량센터 CIMMYT에 문제가 생겼다. 이곳은 세계 옥수수 25만여 품종을 모아둔 '옥수수 은행'이다. 1000년 전 멕시코 원주민들이 처음 재배하기 시작한 옥수수는 지구상에서 인류가 가장 많이 먹는 곡물 중 하나다.

그런데 이곳 옥수수 씨앗의 절반 이상이 발아가 되지 않는 것으로 나타났다. 저장 전에 제대로 건조되지 않았거나 전력이 끊겨 냉각 시설이 멈추면서 문제가 생긴 것이다. 유전자은행에 있는 씨앗과 똑같은 씨앗을 더욱 안전한 은행에 맡기자는 생각으로 탄생한 것이 스발바르 저장소다.

씨앗이 돌아가야 할 곳

스발바르 저장소에는 '노아의 방주' 외에도 '최후의 날 저장소 Doomsday Vault'라는 별명이 붙어 있다. 아스달 박사는 이 별명을 좋아하지 않는다며 "저장소는 지금도 우리가 활용하고 있는 곳이니 '최후의 날'과는 거리가 멀다"고 했다. 생명의 씨앗을 보관한 곳이 음울한 이름으로 불리는 것이 맘에 들지 않는다면서, 그는 대신 '종자 보험'이라고 표현했다.

보험을 들었으니 안심해도 될까. 노르웨이 사람들의 세금과 세계의 기부금으로 동굴에 냉각팬을 돌리면 우리 미래는 안전해질까. 보험은 보험일 뿐, 생물 다양성을 지키는 해답은 아니다. FAO에 따르면 20세

현대판 노아의 방주 스발바르 국제 종자저장소.

기의 100년 동안 세계 작물종의 75퍼센트가 사라졌다. 이제 우리 먹거리 4분의 3은 식물 12종, 동물 5종에서 나온다.

종자로 보존할 수 없는 작물도 적지 않다. 카카오나 코코넛, 바나나 같은 작물은 씨앗이 아니라 일부를 떼어내 클론을 만드는 '영양번식'으로 자란다. 하나라도 재배하지 않으면 언제든 사라질 수 있다는 얘기다. 2014년 벨기에 뢰번 대학에 전 세계 바나나 1400개 품종을 모은 '바나나 은행'이 생겼다. 아시아·카리브해·남태평양 등 39개 코코넛 생산국이 만든 국제 코코넛유전자원네트워크는 '코코넛 은행'을 추진하고 있다. 돈이 들지만 이런 작물을 영하 160~196도씨의 액체질소에 담가 보존하는 방법도 시도되고 있다. 한국 농업유전자원센터에도 마늘, 고구마, 감자 등이 초저온 액체질소 탱크에 들어가 있다.

그러나 저장소에서 100년 뒤, 1000년 뒤 씨앗을 꺼냈을 때 다시 싹을 틔우고 열매를 맺으리라고 장담할 수는 없다. 자연 환경은 계속 바뀐다. 기후 변화로 예측은 더 어렵다. 결국 씨앗이 잘 적응하게 하는 방법은 자연에서 살아나가게 하는 것이다.

이미 거대 자본의 논리가 지배하는 농업의 세계에서 농부들에게 토종 씨앗을 열심히 심으라고 한다면 허망하게 들릴지 모르겠다. 그래도 빚과 물 부족에 시달리던 인도 농민들은 여러 작물을 함께 심어 야생의 힘을 복원하는 농법을 시도하고 있다. 씨앗 보존의 모범 사례로 꼽히는 네팔은 대형 작물박람회를 열고 다양성을 높이는 경작을 하는 농부들에게 인센티브를 준다. 스발바르에 미래를 모두 맡겨놓을 수는 없다. 지구에서 가장 척박한 땅은 '땅으로 돌아가자'고 말한다.

스발바르 가는 길

한국에서 스발바르는 참 멀고 낯선 곳이다. 하지만 뒤집어 보면 가장 쉽게 접근할 수 있는 가까운 극지이기도 하다. 이곳은 이색적인 북극 체험을 하러 온 유럽인들로 늘 붐빈다.

여름 성수기를 제외하면 한국에서 오슬로로 가는 직항이 없다. 경유하면 오슬로까지 최단 15시간 안팎이 걸리고 다시 오슬로에서 4시간 정도 비행기를 타야 스발바르 공항이 있는 롱위에아르뷔엔에 닿는다. 수도 오슬로와 북쪽 끝에 위치한 트롬쇠가 스발바르로 들어가는 관문이다. 이곳에서 노르웨이 항공, 스칸디나비아 항공 비행기가 하루 2~4회 스발바르로 향한다.

노르웨이도 유럽을 한 국가처럼 자유롭게 오갈 수 있게 해주는 솅겐 조약에 가입해 있지만 스발바르 제도는 예외다. 이 때문에 오슬로 공항에서 국내선이 아닌 국제선 구역에서 별도의 출입국 심사를 거쳐야 한다. 한국에서 스발바르로 들어가기 위해 별도 비자를 받을 필요는 없다.

배로 가는 방법도 있다. 120년 역사의 노르웨이 여객선 후르티그루텐이 남서부 베르겐부터 노르웨이 서쪽 연안을 따라 올라가며 트론헤임, 트롬쇠 등을 거쳐 스발바르까지 가는 크루즈를 운영하고 있다. 스발바르 제도 안에서 배로 곳곳을 돌아보는 여행 코스도 있다.(www.hurtigruten.com)

스발바르에서는 스키, 스노모빌, 개썰매를 타고 끝도 없는 설원을 달리거나 빙하 동굴 탐험, 카약 타기 등을 해볼 수 있다. 폐탄광, 롱위에아르뷔엔 옛마을, 바렌츠부르크 러시아타운, 스발바르 국제 종자저장소 등 스발바르의 과거와 현재를 둘러볼 수 있는 관광 코스도 마련돼 있다. 스발바르 안에서는 대중교통이라고는 공항과 롱위에아르뷔엔을 연결해주는 공항 버스가 전부다. 일행과 차량을 빌려 돌아볼 수 없다면 다양한 관광 상품을 예약해 이용하는 것이 편리하다. 롱위에아르뷔엔 중심에 있는 스발바르 관광 안내소를 찾아가면 자세한 정보와 함께 바로 관광 상품을 예약할 수 있다.

스발바르의 지위는 독특하다. 노르웨이의 땅이지만 1925년 체결된 스발바르 협약에 따라 협약에 가입한 나라는 이곳에서 자유롭게 기업활동, 연구활동을 할 수 있다. 군사활동은 금지됐다. 북극 탐험 경쟁이 치열해지고 석탄 등 자원을 놓고 쟁탈전이 벌어지자 룰을 정한 것이다.

롱위에아르뷔엔은 공항이 있고 가장 번화한 스발바르의 중심지다. 노르웨이 국영 석탄 기업SNSK가 운영하던 탄광촌이 형성된 곳이다. 석탄 산업이 몰락한 뒤 정부는 스발바르를 북극 관광의 거점으로 만들었다. 사기업이 운영하던 병원, 학교 등을 정부가 넘겨받고 공항을 지었다.

스발바르의 주민은 약 2100명. 집집마다 주차된 겨울철 교통수단 스노모빌 숫자(4000여 대)가 인구보다 더 많다. 스발바르는 작지만 있을 건 다 있는 '소국'이다. 별도의 지방 정부와 주지사가 이곳을 관리한다. 유치원이 세 곳이고, 초·중등학교와 병원, 슈퍼마켓, 수영장, 영화관은 물론 새벽 4시까지 롱위에아르뷔엔의 긴 밤을 밝히는 나이트클럽도 있다. 1995년에는 대학도 생겨 극지방 연구를 하려는 학생 350명이 공부하고 있다. 노르웨이 정부의 이주 장려 정책에 따라 노르웨이의 소득세는 35~40퍼센트에 달하지만 스발바르는 16퍼센트에 불과하며 모든 물건이 면세다. 오슬로에서 90만 크로네(1억2000만 원) 하는 자동차가 이곳에서는 30만 크로네(4100만 원)면 살 수 있다. 거주 기간 제한도 없기에 이곳에서는 40개국에서 온 이들이 산다. 주민 중 120명이 타이인이다.

롱위에아르뷔엔에서 서남쪽으로 40킬로미터 떨어진 바렌츠부르크는 러시아 국영 석탄 기업 아르티쿨이 주축이 된 러시아타운이다. 소련 시절에는 한때 1500명까지 살 정도로 컸다. 석탄 경기가 하락하면서 1990년 이후 점차 인구가 줄어 지금은 인구가 500명이 좀 안 된다. 러시아 과학아카데미가 운영하는 연구 기지와 러시아 영사관도 있다.

뉘올레순은 각국의 연구 기지가 들어서 있는 북극 연구의 거점이다. 한국의 다산 기지도 프랑스 기지와 함께 건물을 나눠 쓰고 있다. 롱위에아르뷔엔, 바렌츠부르크, 뉘올레순 모두 스발바르 제도에서 가장 큰 스피츠베르겐섬에 자리잡고 있다.

스발바르의 북극곰 주의 표지판과 관광객

밥상 위의 세계

ⓒ 남지원 박경은 이인숙 이재덕 정환보

초판 인쇄	2017년 10월 26일
초판 발행	2017년 11월 03일

지은이	남지원 박경은 이인숙 이재덕 정환보

펴낸이	강성민
편집장	이은혜
편집	박은아 곽우정 김지수 이은경
편집보조	임채원
마케팅	이연실 이숙재 정현민
홍보	김희숙 김상만 이천희
독자모니터링	황치영

펴낸곳 (주)글항아리 | 출판등록 2009년 1월 19일 제406-2009-000002호
주소 10881 경기도 파주시 회동길 210
전자우편 bookpot@hanmail.net
전화번호 031-955-1934(편집부) | 031-955-8891(마케팅)
팩스 031-955-2557

ISBN 978-89-6735-456-5 03300

글항아리는 (주)문학동네의 계열사입니다.

이 도서의 국립중앙도서관 출판예정도서목록(CIP)은 서지정보유통지원시스템 홈페이지
(http://seoji.nl.go.kr)와 국가자료공동목록시스템(http://www.nl.go.kr/kolisnet)에서
이용하실 수 있습니다.(CIP 제어번호: CIP2017027337)